Español en marcha 4

Curso de español como lengua extranjera

Cuaderno de ejercicios

Francisca Castro Viúdez
Mercedes Álvarez Piñeiro
Carmen Sardinero Franco
Ignacio Rodero Díez

Español Lengua Extranjera

SOCIEDAD GENERAL ESPAÑOLA DE LIBRERÍA, S. A.

SGEL

Primera edición, 2007
Quinta edición, 2013

Produce SGEL – Educación
Avda. Valdelaparra, 29
28108 Alcobendas (MADRID)

Diseño de cubierta: Fragmenta comunicación S. L.
Maquetación: Verónica Sosa y Leticia Delgado
Ilustraciones: Maravillas Delgado
Fotografías: Cordón Press, Gettyimages, Archivo SGEL

ISBN: 978-84-9778-297-5
Depósito legal: M. 39.410-2010
Printed in Spain – Impreso en España.

Impresión: Closas-Orcoyen, S. L.
Encuadernación: Taograf, S. L.

contenidos

1

A. ¿Eres feliz?

1. Escribe la pregunta correspondiente.

1. *¿En qué estás pensando?*
   Estoy pensando *en qué voy a hacer estas vacaciones.*

2. _____
   Este mantecado está hecho *con harina, almendra y manteca de cerdo.*

3. _____
   Al mes nos gastamos *unos 300 € en la comida.*

4. _____
   Yo prefiero *el sofá marrón,* ¿y tú?

5. _____
   Normalmente no va a casa a comer, come *en el comedor de la empresa.*

6. _____
   Yo creo que al final sólo van a la fiesta *Pepe y Joana.* Los demás no pueden.

7. _____
   Vamos a clase de yoga *dos veces a la semana.*

8. _____
   La comida preferida de mis hijos es *la pasta.* Les gusta de todas las maneras.

9. _____
   La verdad es que me da igual *la marca de café que compres.*

10. _____
    Yo creo que Luis y Rosa son amigos *desde 1987.*

11. _____
    Hoy están más baratos los tomates, a *2 € el kilo.*

12. _____
    De todos estos cuadros, los que más me gustan son *los de Pedro,* tienen unos tonos violetas que me encantan.

2. De las preguntas siguientes, en nueve hay errores, búscalos y corrígelos.

1. ¿Qué marcas de detergente te ~~gusta~~ más?
   gustan

2. ¿Cuál de los dos hermanos vinieron anoche?
   _____

3. ¿Desde cuánto tiempo vives en esta ciudad?
   _____

4. ¿Cuántas veces al mes salís a cenar fuera de casa?
   _____

5. ¿Con quién has invitado a tu cumpleaños?
   _____

6. ¿En dónde pasea normalmente tu padre?
   _____

7. ¿Cuánto tiempo llevas esperando el autobús?
   _____

8. ¿Con cuál frecuencia vas a la peluquería?

9. ¿Cuánto tiempo llevaste saliendo con Laura?
   _____

10. ¿Cuánto tiempo desde que no has visto a tus hermanos?
    _____

11. ¿A quiénes alumnos les has dicho que vengan mañana a examinarse?
    _____

12. ¿Qué países del mundo te gustaría más visitar?
    _____

13. ¿A quién llamaron para sustituir a tu compañera Eulalia?
    _____

3. Relaciona cada adjetivo de carácter con su (casi) sinónimo.

1. extravertido	a. capaz
2. neurótico	b. insensato
3. cumplidor	c. desobediente
4. retraído	d. trabajador
5. irresponsable	e. neurasténico
6. competente	f. reservado
7. rebelde	g. abierto
8. cobarde	h. delicado
9. encantador	i. miedoso
10. aprensivo	j. agradable

4. Lee el artículo y completa cada hueco con una sola palabra.

¿Son extravertidos los españoles?

Los estereotipos nacionales *sobre*(1) personalidad son una falacia, según un macroestudio sobre 49 culturas publicado en "Science".

¿Cómo es un español típico? Extravertido. Irresponsable, podríamos contestar. Etiquetas que nos colocan y con las _____(2) señalamos a nuestros compatriotas. Pero no se corresponde con lo que somos, _____(3) un gran estudio que _____(4) hoy la revista *Science* en el que se ha entrevistado _____(5) casi 4.000 personas de 49 nacionalidades.

Según los datos del artículo, los españoles se creen poco responsables y _____(6) extravertidos. Pero son casi tan cumplidores _____(7) los alemanes o los suizos germanohablantes, que sí que piensan de _____(8) mismos que son muy competentes. Los ciudadanos españoles están entre los cinco que más se valoran como extravertidos (además de los habitantes de Puerto Rico, Australia, Nueva Zelanda y Serbia). En realidad, lo son _____(9) como los japoneses, que creen ser muy retraídos.

Los japoneses, por cierto, son _____(10) que ocupan los puestos más extremos en valoración negativa: están _____(11) los cinco países que se puntúan como más neuróticos (junto a Turquía, Polonia, Nigeria e Indonesia) y los cinco menos abiertos a la fantasía y los sentimientos, y también entre los escasamente cálidos y poco propensos _____(12) las emociones positivas.

"El objetivo de la investigación era saber si los estereotipos nacionales, es decir, lo que _____(13) los ciudadanos acerca de cómo es la personalidad del compatriota típico, tenían algo que ver con la personalidad real", reflexiona una psicóloga y _____(14) de la Universidad de Madrid. Los estereotipos sirven como atajos mentales, para hacer clasificaciones rápidas de las personas, pero son erróneos y peligrosos. Pueden constituir la base de los prejuicios. Se trata de fenómenos culturales que se transmiten mediante los _____(15) de comunicación, la educación, leyendas populares, y, por supuesto, chistes.

B. Aprender de la experiencia

1. Completa las conversaciones con los verbos del recuadro en el tiempo adecuado del pasado.

A.

> ver – decir (x 2) – terminar – ir
> preguntar – estar

LOLA: Fernando, ¿sabes a quién *vi* (1) el otro día en el conservatorio?

FERNANDO: No, ¿a quién?

LOLA: A Marta.

FERNANDO: Sí, ¿y qué te *dijo* (2)?

LOLA: Que ya terminó (3) el Grado Medio y que se iba (4) a dedicar a dar clases a niños. Por cierto, me pregunta (5) por ti y le dije (6) que estabas (7) muy ocupado con la tesis.

ROSA: Pues sí. Cuando terminó (7) la película y me acosté (8), no podía (9) dormir y tuve (10) que tomarme un somnífero.

C.

> pasar – decidió – tener – estar s
> pedir – llamar – dar – enterarse

MARIBEL: ¿Te *has enterado* (1) de lo de Lucía?

ÁNGEL: No, ¿qué le ha pasado (2) a Lucía?

MARIBEL: Pues que un día decidió (3) dejar el trabajo que tenía (4) porque estaba (5) muy harta de su jefe y pidió (6) trabajo en esa empresa nueva de telefonía. A los pocos días le llamaron (7) y después de dos meses, le dieron (8) el puesto de directora de departamento.

ÁNGEL: ¡Qué bien! Me alegro por ella.

B.

> levantarse – acostarse (x 2) – estar – ser
> envenenar – venir – terminar – poder – tener

LOLA: ¿Todavía no te *has levantado* (1)?

ROSA: No, es que ayer me acosté (2) muy tarde porque estuve (3) viendo una película en la tele.

LOLA: ¿Qué película?

ROSA: Era (4) una de miedo. Un hombre a quien su mujer envenenó (5) y venía (6) cada noche a visitarla para recordarle su crimen.

LOLA: ¡Qué miedo!, ¿no?

D.

ver – salir – hacer – denunciar – <u>estar</u>

LOLA: ¿Sabes a quién *he visto* (1) hoy en la puerta de un restaurante?

DAVID: ¿A quién?

LOLA: A Luis Prieto.

DAVID: ¿Y ese quién es?

LOLA: Sí, hombre, ese que *ha salido* (2) varias veces en la tele, que *ha hecho* (3) varios reportajes sobre el calentamiento del planeta.

DAVID: Ah, ya caigo, el que *denunció* (4) hace un tiempo que una fábrica *estaba* (5) vertiendo sus residuos al río Guadiana.

2. Escribe el verbo en la forma adecuada del pasado.

1. Marimar, hace un rato *he llamado* Pedro el del taller y *ha dicho* que ya *había arreglado* tu coche, que puedes ir a recogerlo. (llamar, decir, arreglar)

2. Esta mañana, cuando *salía* de la panadería, *vi* a Antonio que *llevaba* un ramo de flores, yo creo que *eran* para su mujer, Mariví. (salir, ver, llevar, ser)

3. El verano pasado Ricardo y Lola *se equivocaron* de tren y *tomaron* uno que *iba* en dirección contraria. (equivocarse, tomar, ir)

4. A. ¿Estás tomando café? Yo *pensaba* que a ti no te *gustaba* el café. (pensar, gustar)

   B. Claro que sí, yo siempre *he tomado* café después de comer. (tomar)

5. Como hoy *he visto* a Teresa tan contenta, *pensaba* que *ha tenido* noticias de su hermano Enrique, el que está en la Armada. (ver, pensar, tener)

6. Ayer *hacía/hizo* un día estupendo y por eso Eduardo nos *propuso* ir a dar un paseo por El Retiro. (hacer, proponer)

7. La policía *ha detenido* en las últimas horas a tres delincuentes, miembros de una banda que *manipulaba* droga en un laboratorio clandestino. (detener, manipular)

8. *Leí/leía* en el periódico que el alcalde de Getafe *ha inaugurado* un nuevo centro para los enfermos de Alzheimer. (leer -yo-, inaugurar)

3. Esta es la biografía del famoso director de cine Pedro Almodóvar. Reescríbela en pasado.

Pedro Almodóvar

Nace en Calzada de Calatrava, provincia de Ciudad Real, en 1949. Cuando tiene ocho años emigra con su familia a Extremadura. Allí estudia el Bachillerato.

A los 16 años se instala en Madrid con la intención de estudiar y hacer cine.

Al principio realiza múltiples trabajos temporales y más tarde, durante 12 años, tiene un trabajo fijo como administrativo en la Compañía Telefónica. En esa temporada alterna su trabajo con otras muchas actividades: actúa en un grupo de teatro (*Los Goliardos*), escribe relatos cortos, realiza cortometrajes.

Gracias a unos pocos amigos que le financian, consigue dirigir su primer largometraje: *Pepi, Luci, Bom y otras chicas del montón*.

En 1982 rueda la segunda película, *Laberinto de pasiones*, que tiene una buena acogida entre el público. Después de *Matador*, en 1986 Pedro dirige *La ley del deseo*, que es financiada por su propia productora. En 1987, la comedia *Mujeres al borde de un ataque de nervios* se convierte en un éxito. Da la vuelta al mundo y es aplaudida tanto por la crítica como por el público. Recibe más de cincuenta premios y es nominada para el Oscar de Hollywood.

Mientras sigue el éxito de *Mujeres*…, Almodóvar sigue su trabajo y rueda una nueva película: *Átame* (1989), en la que empieza a trabajar con Victoria Abril. La película arrasa en las taquillas españolas, casi un millón de personas acuden al cine a verla.

Siguen títulos como *Tacones lejanos, Kika, La Flor de mi secreto, Carne trémula*. En 1999, *Todo sobre mi madre* se convierte en otro éxito en España y fuera de ella. Consigue el Oscar de Hollywood y es aplaudida en todas partes. También *Hable con ella*, de 2002, consigue un Oscar al mejor guión original.

Y en 2006 aparece en las pantallas *Volver*, un filme donde el director rinde un homenaje a su tierra y a las mujeres que le cuidaron en su infancia.

4. En una entrevista, una actriz italiana cuenta un episodio de su niñez. Subraya el verbo más adecuado.

Aquello *fue / era* tremendo. Yo *tenía / tuve* once años cuando *bombardearon / bombardeaban* nuestra casa. *Estaba / Estuvo* todo destruido y mi madre me *decía / dijo*: "Lucía, ahora te pido que por favor no hagas nada, no te muevas de aquí". Porque claro, como yo *era / fui* malísima… Así es que me *dejaban / dejaron* en pijama y con un abriguito por encima, sobre unos escombros. Y yo me *quedaba / quedé* quieta y *vi / veía* a todo el mundo, que *intentaba / intentaron* recoger las pocas cosas que se *salvaban / habían salvado* del desastre.

Y lo *ponían / pusieron* todo encima de un carro y se *iban / fueron*… y cuando *estaban / estuvieron* a punto de desaparecer a lo lejos me *di / daba* cuenta de que si no *corrí / corría* se marcharían para siempre. Entonces me *puse / ponía* a correr y *atravesaba / atravesé* ese campo lleno de agua y hierba, *crucé / cruzaba* todo eso y *conseguía / conseguí* saltar al carro por la parte de atrás y agarrarme a la cuerda que *sujetaba / sujetó* nuestros pocos enseres. A los diez kilómetros *oía / oí* a mi madre que *dijo / decía*: "Ostras, nos *hemos olvidado / olvidamos* de Lucía". Y yo *decía / dije*: "No, estoy aquí". Y mi madre *dijo / decía*: "Bueno, menos mal que *has hecho / hiciste* una cosa bien".

C. Una época para recordar

1. En la siguiente actividad hay un fragmento de un ensayo donde la autora habla de la vida en los años 40 en España.

Antes de leer, relaciona las palabras siguientes con sus significados.

1. barruntos	a. ritual
2. pequeña pantalla	b. lugares lejanos
3. ceremonia	c. presentimientos
4. prolegómenos	d. agujeros
5. saboreo	e. ayudar
6. incidencias	f. acontecimientos
7. parajes	g. degustación
8. delegación	h. preparación
9. contribuir	i. representación
10. brechas	j. televisión

2. Ahora lee y reconstruye el texto colocando cada verbo en el hueco adecuado.

> era (x 2) – iba (x 3) – entraba – se exhibían
> contribuían – abría – consumía
> tenían – existían

En los años cuarenta, cuando no *existían* (1) ni barruntos del invento revolucionario que habría de meternos las imágenes en casa por la pequeña pantalla, ir al cine _____(2) la gran evasión, la droga cotidiana y constituía una ceremonia que hoy ha perdido toda su magia. Una chica nunca _____(3) sola al cine, de la misma manera que tampoco _____(4) sola en un café. Ir al cine _____(5) un ritual de grupo, en el que los prolegómenos _____(6) también su importancia, porque _____(7) al saboreo de la situación. Desde las sugerencias que proporcionaba el título de la película que se _____(8) a ver, intensificadas por la contemplación de las carteleras que _____(9) a la entrada con las escenas

más emocionantes, hasta el momento de hacer cola para sacar las entradas, todo el grupo de amigas _____(10) varias horas a la semana comentando los preparativos e incidencias de aquel asunto, que tenía algo de excursión a parajes más o menos exóticos, donde se _____(11) a vivir por delegación una historia que _____(12) brechas en la rutina de la propia existencia.

Carmen Martín Gaite

Usos amorosos de la posguerra española. Ed. Anagrama

3. Completa cada frase con una palabra del texto anterior.

1. No pudimos ver el musical que había en el teatro Calderón porque no encontramos _____.
2. El hijo de Virginia se cayó por la escalera y se hizo una _____ en la cabeza.
3. Este año mi empresa _____ con 3.000 € a la campaña contra el cáncer.
4. El verano pasado estuvimos en un hotel que estaba en un _____ precioso, sin ruido ni contaminación.
5. Tenemos que cambiar de coche porque este _____ demasiada gasolina.
6. ¡Oiga usted!, si quiere sacar una entrada, póngase a la _____, como todo el mundo.
7. ¿Vamos al teatro? He visto en la _____ que ponen una obra de Federico García Lorca.

ESCUCHAR

4. Escucha la entrevista que le hacen a una cantante de ópera y haz un resumen. Aquí incluimos las preguntas que le hace el periodista. **1**

1. ¿Cómo empezó a cantar?
2. ¿Por qué se unió al coro?
3. ¿Para usted qué significaba entonces su propia voz?
4. ¿Y qué pasó?
5. ¿Le gustan las dificultades?
6. ¿De dónde le viene la buena voz?

2

A. Objetos imprescindibles

1. Mira las ilustraciones. Relaciona los dibujos con los nombres.

1. Plancha de fundición – 2. Máquina de coser – 3. Prismáticos – 4. Peonza – 5. Máquina de escribir
6. Molinillo – 7. Tocadiscos – 8. Cámara de fuelle – 9. Quinqué – 10. Báscula romana – 11. Palmatoria

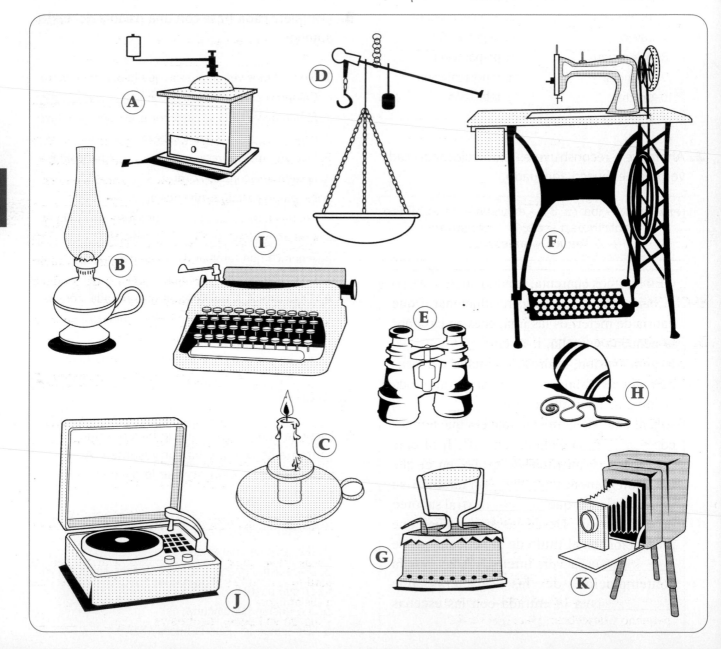

2. La mayoría de estos objetos sólo se pueden adquirir en una tienda de antigüedades. ¿Para qué servían? Intenta escribir las definiciones de estos objetos.

1. La balanza romana servía para
Pesar

2. La peonza servía para
_____

3. Los prismáticos servían para
_____

4. El molinillo servía para
_____

5. La máquina de escribir servía para
_____

6. El tocadiscos servía para
_____

7. El quinqué y la palmatoria servían para
_____

8. La máquina de coser servía para
_____

9. La cámara de fuelle servía para
_____

10. La plancha de fundición servía para
_____

ESCUCHAR

3. Escucha el documental que habla sobre los juguetes tradicionales y responde a las preguntas. **2** 🔘

1. ¿En qué se diferencian los juguetes tradicionales y los juguetes modernos?
2. Según Mario Vázquez, ¿cuál es el inconveniente que supone el uso mayoritario de juguetes modernos?
3. ¿Qué significa la frase "los niños son como esponjas"?
4. ¿Qué solución se da en el texto para fomentar la vuelta a la juguetería tradicional?
5. Piensa en un juguete que tenías cuando eras pequeño y descríbelo. ¿Para qué servía?

B. La casa del futuro

1. Imagina los pensamientos o los diálogos de estas personas.

1

Una chica está estudiando para un examen. El examen es mañana a las cuatro de la tarde. Ahora mismo son las 9 de la noche y está a punto de ir a cenar…
—Mañana, a estas horas, ya habré terminado el examen.

2

El responsable de una exposición que finaliza mañana y que tiene muchas ganas de terminar…
—¡Mañana ya ~~finalizara~~! ~~la exposición~~
habrá terminado ↑ ✓

3

Una chica llama por teléfono a su mejor amigo. Le dice que ya está en la ciudad y que en veinte minutos estará en su casa. El amigo está cenando con sus padres.
—Cuando Clara llegue, nosotros ya _habremos_ .
habremos cenado ✓

4

Dos amigas hablan de una tercera amiga en común que ha suspendido el examen práctico de conducir después de haber hecho muchas prácticas.
—¡ _Habrá hecho muchas prácticas_ , pero no le ha servido de mucho!

5

Una persona sale de su trabajo y se dirige al supermercado a hacer la compra. De camino se encuentra un atasco a causa de un accidente…
—Cuando llegue al supermercado, ya _habrá terminado cenado_ ✓

6

Lucas quiere jugar con sus amigos al fútbol pero el partido es a las 10 y él tiene clase hasta las 12. (Les dice a sus amigos).
—Cuando yo llegue, vosotros ya _habréis jugado el partido_

2. Lee la siguiente noticia sobre la próxima feria SIMO y completa el texto con los verbos del recuadro conjugados en futuro:

> mostrar – presentar (x 2) – ser (x 2) – dar – explicar – estar – entregar

Más de 625 empresas se dan cita en el SIMO

Madrid. (OTR/PRESS).– Hoy arranca la 46.ª de la Feria Internacional de Informática, Multimedia y Comunicaciones, SIMO. Hasta el domingo, más de 625 empresas se *darán* (1) cita en los más de 65.000 metros cuadrados del recinto ferial IFEMA en Madrid.

Las principales novedades de este año, según el presidente del comité organizador, Juan Soto, son el espacio de 'E-Life', que pretende llevar las novedades del ocio digital a los no profesionales, y la presentación oficial de los productos de Microsoft 'Windows Vista' y '2007 Microsoft Office System'.

La feria, que _____(2) abierta de 10 a 19 horas durante sus seis días de duración, se divide en cuatro áreas diferentes: 'Tecnologías de la Información', 'Aplicaciones Profesionales', 'Telecomunicaciones e Internet' y 'E-life SIMO'. Este último espacio está dedi-cado más al público en general, muestra las últimas tendencias en ocio digital para los no profesionales.

También se abre un nuevo espacio denominado 'Vivero', donde se _____(3) aplicaciones didácticas para el ámbito de la formación, soluciones personalizadas para la gestión integral de 'pymes', teleasistencia y simulación virtual en medicina, entre otras innovaciones.

En este contexto, la Fundación para el Desarrollo Infotecnológico de Empresas y Sociedad (Fundetec) _____(4) el 'Premio Vivero', dotado con 9.000 euros en equipamiento al mejor proyecto presentado en esta área.

Una de las grandes citas de esta edición del SIMO _____(5) la presentación oficial de los dos nuevos productos de Microsoft: 'Windows Vista', la nueva versión del sistema opera-tivo Microsoft Windows, que sucede a Windows XP. La multinacional de Bill Gates _____(6) otro producto, el 2007 Microsoft Office System'.

PRESENCIA EXTRANJERA

La pasada edición fue visitada por 285.742 personas, la mayoría de ellas profesionales del mundo de la informática y las nuevas tecnologías, según los datos ofrecidos por la organización de SIMO y recogidos por OTR/Press. Al igual que en la anterior edición, la presencia de expositores extranjeros _____(7) muy importante, y además de empresas procedentes de España, también participan Alemania, Andorra, Argentina, Austria, Brasil, República Checa, Colombia, Corea, Estados Unidos, Francia, Hong Kong, Hungría, India, Italia, Luxemburgo, Países Bajos, Portugal, Reino Unido, Rumanía, Rusia y Taiwán.

En el marco de SIMO 2006, se _____(8) un informe sobre la documentación digital en España, del que se adelantaron datos como que el 70 por ciento de empresas españolas ya han digitalizado sus documentos y que la mitad de los empleados logra consultar documentos corporativos. También se _____(9) que el 24 por ciento de las empresas cumple con los niveles de accesibilidad; el 23 por ciento tiene certificado de calidad electrónica, el 31 por ciento, sistema de certificación electrónica, y el 38 por ciento lo está planificando.

3. Lee otra vez la noticia sobre la próxima feria de SIMO y responde a las preguntas.

1. ¿Dónde tendrá lugar la Feria Internacional de Informática, Multimedia y Comunicaciones, SIMO?
2. ¿Cuál es el horario de apertura de la feria?
3. ¿Cuál es el área más recomendable para los no profesionales del sector?
4. ¿En qué consiste el "Premio Vivero"?

4. Completa el diálogo de dos personas que están haciendo conjeturas, con los verbos y las frases del recuadro. Utiliza el futuro.

> llorar – volver a suspender
> quedar con alguien – entrar – reñir
> olvidar la llave – irse – perder a su madre
> quedar grandes – adelgazar

a. –¿Por qué se irá tan temprano?
–Habrá _quedado con alguien_

b. –¿Por qué _llorará_ ese niño?
–Habrá _pedido su madre_

Asking for the motives

c. –¿Por qué le _reñirá_?
–Habrá _vuelto a suspender_ _hecho algo mal_

d. –¿Por qué no _entrará_ en casa?
–Habrá _pedido sus llaves_ olvidado _la llave_ ✓

e. –¿Por qué le _quedarán grandes_ los pantalones?
–Habrá _adelgazado_. ✓

2

5. Completa el texto con los verbos del recuadro en futuro.

> poder (x 4) – salir – contar – formar
> valorar – vivir – llevar – ser – multiplicar
> permitir (x 2) – generar – crecer – tener
> haber – seguir

El futuro que viene

En dos décadas la esperanza media de vida aumentará diez años, muchas enfermedades genéticas se podrán prevenir y la biotecnología será una alternativa para acabar con la desnutrición en el tercer mundo.

SALUD, GENÉTICA Y NUTRICIÓN

Las enfermedades del corazón, del cerebro y el cáncer *seguirán* (1) siendo las que causen más muertes en los próximos 25 años, aunque _____(2) espectaculares avances en su prevención. Según Ramón Cacabelos, director general de un Centro de Investigación Biomédica, muchas enfermedades se _____(3) predecir con años de antelación. Obviamente no se _____(4) eliminar todas las enfermedades genéticas, ya que están en nuestros genes, pero nuestros hijos sí _____(5) saber con antelación si el hijo que van a tener será sano. Una gran revolución _____(6) la tarjeta genómica. Antes de diez años, los bebés _____(7) de la maternidad con su tarjetita genómica, personal e intransferible, que _____(8) todo su código escrito en una especie de banda magnética. _____(9) su tarjeta de visita cuando entren en un hospital.

FAMILIA, OCIO Y CIENCIA

A partir del año 2025 la población con más de 80 años _____(10) por cinco y en 2050 nuestros mayores _____(11) más de cien años. Los más optimistas afirman que este envejecimiento _____(12) más y mejores puestos de trabajo para los jóvenes, lo que les _____(13) tener una vivienda y formar una familia con mayor facilidad que ahora. Con ayuda de la inmigración, los índices de natalidad _____(14).
El tiempo libre se _____(15) cada vez más. Se irá imponiendo el nomadismo virtual, que _____(16) viajar, hacer deportes o visitar museos sin salir de casa. Mónica Solé, científica, afirma: "En 20 años habremos entrado de lleno en la era de la tecnología, los robots _____(17) parte de la vida, los ordenadores _____(18) realizar el trabajo de once años en una hora. Los físicos teóricos _____(19) con más detalle cómo se originó el Universo".

(Adaptado de *AR* revista)

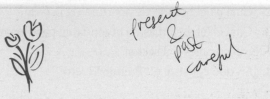

1. Lee el siguiente texto que hemos obtenido del diario de una joven tenista española. Completa el texto con el verbo y el tiempo adecuados.

Present & past careful

Cuando echo la vista atrás me doy cuenta de cómo ha cambiado todo y también de cómo he cambiado yo...

Antes me molestaba que mis hermanas (1) se pusieran mi ropa, en cambio, ahora, me encanta que (2) _vengan_ (venir) a mi casa en busca de cualquier jersey o complemento. Recuerdo que me ponía muy nerviosa que (3) _tocaran_ (tocar) mis cosas y ahora echo de menos que no lo hagan.

¡Cómo cambia todo! Me da pena que (4) _tengan_ (tener) que vivir en otra ciudad y que no las (5) _pueda_ (poder) ver cuando quiero.

Recuerdo también que a mis padres les sacaba de quicio que (6) _se nos enfadáramos_ (enfadarse) entre nosotras y ahora siempre nos están diciendo que les encanta que (7) _llevemos_ (llevarse) tan bien. hos

¡Qué cosas! La verdad es que me encanta que la gente (8) _cambie_ (cambiar) y (9) _evolucione_ (evolucionar).

Estamos en un mundo lleno de cambios, ¡no íbamos a ser nosotros menos!

2. ¿Tú también has cambiado? Completa las frases.

1. Antes me molestaba que _mis amigas pelearan_ y ahora no me molesta.

2. Cuando era pequeño/a me ponía nervioso/a que _mis padres fueran estrictos_ y ahora me encanta que _para ellos, mi educación sea importante_

3. Cuando iba al colegio me sacaba de quicio que _los compañeros de clase tuvieran mal comportamiento_ y ahora me gusta que _mis compañeros de universidad sean más tranquilos_

4. Antes me gustaba que _hubiera muchas telenovelas_ y ahora no.

5. Antes me daba pena que _no pudiera_ y ahora ya no me da pena. _jugar el bádminton mi hermana_

3. ¿Qué aparato o aparatos eléctricos utilizarías en las siguientes situaciones? Puedes utilizar el diccionario.

1. Si tuvieras mucho calor: *un ventilador*.

2. Si estuvieras a oscuras en una habitación y necesitaras leer: _____.

3. Si necesitaras subir a un quinto piso y tuvieras la pierna rota: _____.

4. Si tuvieras que madrugar mucho: _____.

5. Si tuvieras que recalentar la comida: _____.

6. Si quisieras que el agua estuviera muy fresca: _____.

7. Si quisieras que tu ropa estuviera limpia y seca: _____.

8. Si quisieras hacer una mayonesa casera: _____.

9. Si quisieras lavar los platos: _____.

10. Si quisieras asar un pollo: _____.

4. Completa las siguientes frases conjugando el verbo que aparece entre paréntesis en futuro perfecto, futuro imperfecto o condicional.

1. El presidente del Gobierno ha anunciado que la Ley de Reforma Laboral *estará* lista en marzo.

2. El puente sobre el río Miño no se _____ (poder) inaugurar hasta 2010.

3. La alcaldesa aseguró que, si era reelegida, _____ (construir) más guarderías.

4. Ha subido el índice de obesidad de niños españoles. ¿_____ (tener) solución?

5. ¿_____ (terminar) las obras en Madrid cuando volvamos de las vacaciones?

6. A. La grúa se ha llevado nuestro coche.
   B. Lo _____ (tener) mal aparcado.

7. A. ¿Qué hora es?
   B. No lo sé. _____ (ser) las once.

8. Los operadores móviles _____ (aumentar) las tarifas para compensar el fin del redondeo.

9. La Xunta de Galicia _____ (expropiar) y _____ (comprar) terrenos para construir viviendas protegidas.

10. Cuando yo llegue, vosotros ya _____ (terminar) de ver la película.

2

3

A. A comer

1. En España se consumen muchas verduras y, además, las verduras son ingredientes de muchos de nuestros platos típicos. Para preparar los platos que siguen, ¿qué verduras se necesitan?

a) GAZPACHO

_____
_____
_____
_____
_____

b) TORTILLA ESPAÑOLA

_____
_____
_____
_____
_____

c) COCIDO MADRILEÑO

_____
_____
_____
_____
_____

d) PAELLA

_____
_____
_____
_____

2. Lee el siguiente texto y después contesta a las preguntas.

FRUTAS Y VERDURAS,
CINCO AL DÍA

Las verduras y hortalizas constituyen, junto con las frutas, una fuente primordial de vitaminas variadas, sales minerales, fibra y elementos antioxidantes. La deficiencia mantenida de muchos de estos nutrientes tiene relación directa con la aparición y desarrollo de algunas de las enfermedades crónicas de mayor incidencia en la edad adulta en la actualidad: aterosclerosis, diverticulitis, colon irritable, osteoporosis, anemias, cáncer, etc.

Sin ir más lejos, las vitaminas son sustancias que en su mayor parte el organismo no puede sintetizar y, aunque necesarias en muy pequeña cantidad, su ingesta inadecuada puede producir alteraciones funcionales, orgánicas y clínicas. Hasta hace unos años a las vitaminas se les atribuía un papel exclusivamente nutricional como elementos reguladores de los procesos metabólicos, entre otras funciones. En la actualidad se destaca su influencia en el freno del desarrollo de la mayor parte de las enfermedades crónicas.

(Artículo adaptado de:
http://verduras.consumer.es/documentos/como/cinco.php)

1. Las verduras y hortalizas son una fuente muy importante de vitaminas variadas junto a _las frutas_.

2. Nombre al menos dos de las enfermedades crónicas que pueden estar relacionadas con la falta de consumo de verduras.

3. ¿Qué puede producir el consumo inadecuado de verduras y hortalizas?

4. ¿Qué relación existe entre las vitaminas y las enfermedades crónicas?

ESCUCHAR

3. Escucha este programa de radio donde dan consejos para tratar las verduras. Señala si las siguientes afirmaciones son verdaderas o falsas. **3** 🔘

1. Lo más importante a la hora de preparar una receta es la calidad de los ingredientes. ☐ F

2. Para lavar la lechuga, deja las hojas en remojo unas horas con unas gotas de lejía. ☑ F

3. El tomate se debe pelar justo antes de su consumo. ☑

4. Si añadimos un poco de limón o vinagre, evitamos la pérdida de vitaminas. ☐ F V

5. Es mejor comer las frutas y verduras con piel para que conserven todas sus vitaminas. ☐ V

B. Cocinar

1. Relaciona.

1. picar	a. especias
2. batir	b. huevos
3. remover	c. cebolla
4. condimentar	d. leche
5. dar la vuelta	e. tortilla
6. pochar	f. pollo
7. hornear	g. salsa
8. hervir	h. zanahoria

2. Elige la forma adecuada del verbo.

1. Iremos a tu casa cuando *estarán* / *estén* listos.
2. No se movieron del sitio hasta que *lleguéis* / *llegasteis.* ✓
3. En cuanto *podrás* / *puedas*, llámame.
4. Estuvo sentado hasta que *llegó* / *llegue* la comida.
5. Antes de que *llegarais* / *lleguéis,* os llamamos por teléfono.
6. Lávate las manos antes de *coma* / *comer*.
7. Cuando *añadas* / *añadir* la sal, apaga el fuego.
8. Allí estaré tan pronto como *llamaréis* / *llaméis*.
9. Pidió la hoja de reclamación en cuanto *termine* / *terminó* de comer. ✓
10. No eches el agua hasta que no *hierva* / *hierve* la salsa. ✓

3. Rosa siempre está pensando en recetas diferentes y planeando cenas y comidas con sus amigos. Lee lo que Rosa iba pensando el otro día en el autobús y conjuga los verbos que aparecen entre paréntesis.

Cuando (1) *llegue* a casa sacaré unos langostinos del congelador y prepararé una ensalada. En cuanto (2) _____ (tener) los langostinos descongelados, los (3) *mezclaré* (mezclar) con la pasta y los (4) *aliñaré* (aliñar) con aceite y vinagre.

¡No!, mejor no aliño la ensalada hasta que no (5) *estén* (estar) en casa los invitados...

¡Sí!, tan pronto como (6) *llamen* (llamar) al timbre la aliño y listo.

¡No sé!, ¡no sé!, tal vez no es una buena idea... Cuando (7) *invito* (invitar) a gente a cenar siempre hago lo mismo...

Antes de (8) __invitar__ (invitar) a mis amigos, debería preguntarles qué comida les gusta... ¿Y si no les gustan los langostinos?... Tan pronto como (9) __hable__ (hablar) con ellos tomo una decisión.

¡Sí!, creo que va a ser la mejor opción. Recuerdo cuando mi jefe me (10) __evitó__ (invitar) a cenar y antes de que (11) __llegara__ (llegar) el día me preguntó por mis gustos culinarios... ¡Qué atento fue! Además, en cuanto (12) __hice__ (hacer) el menor gesto de sorpresa, él me explicó que siempre lo hacía para poder acertar con el menú.

¡Sí! Me parece una idea excelente. Tan pronto como (13) __ponga__ (poner) un pie en casa los llamo por teléfono y así podré tener la información antes de que mi hermana (14) __vaya__ (ir) al supermercado.

4. Aquí tienes la receta de la paella valenciana. Completa la receta escribiendo la forma correcta de los verbos que aparecen entre paréntesis.

Paella valenciana

Echamos el aceite en el centro de la sartén, la nivelamos, encendemos el fuego y calentamos el aceite.

Cuando el aceite (1) *comience* a humear, incorporaremos el pollo y el conejo troceados y ligeramente salados, dorándolos cuidadosamente a fuego medio.

En cuanto la carne (2) __esté__ (estar) dorada, (3) __añadimos__ (añadir) la verdura troceada y la rehogamos unos minutos.

Hacemos un hueco en el centro de la paellera apartando la carne y la verdura. En este hueco incorporamos el tomate, lo sofreímos unos minutos y añadimos el pimentón. El fuego debe ser suave hasta que (4) __añadamos__ (añadir) el pimentón, porque, si no, corremos el riesgo de que se queme y la paella resulte amarga.

Es el momento de verter agua hasta casi el borde de la sartén. Tan pronto como (5) __echamos__ (echar) el agua, (6) __añadimos__ (añadir) algo de sal y la dejamos cocer unos 30 minutos, echando más agua si fuera necesario.

En cuanto (7) __transcurran__ (transcurrir) los 30 minutos (8) __incorporamos__ (incorporar) el arroz y agregamos el azafrán o el colorante sobre el arroz.

Cocemos a fuego muy fuerte durante 7 minutos aproximadamente, o hasta que el arroz medio cocido (9) __comience__ (comenzar) a asomar.

En este momento debemos bajar el fuego casi al mínimo y dejar cocer otros 4 o 5 minutos más.

Cuando ya (10) __esté__ (estar) lista, la retiramos del fuego y la dejamos reposar durante 5 minutos antes de servir.

3

5. Lee el texto y elige la opción adecuada.

Un experto y creativo de la cocina asegura que la cocina del futuro serán las pastillas

Marc Cuspinera, jefe de cocina del restaurante *El Bulli*, de Ferran Adrià, ha asegurado, durante una intervención en el Fórum de las Culturas de Barcelona 2004, que la cocina del futuro serán las pastillas. Uno de los retos, (1)_____, de la alta cocina es encontrar productos naturales, frescos y salvajes.

La cocina del futuro, (2)_____ Cuspinera, tiende hacia los "platos preparados" a causa de las prisas y el estrés, "pero que sean buenos". El experto, (3)_____, prefiere no imaginarse esa situación, y asegura (4)_____ que "llegaremos a comer pastillas, donde tendremos concentrados todos los nutrientes y sabores", como una pastilla de sopa de pescado, sugiere. (5) _____, lo que preocupa más al experto es la cocina de cada día. Según Cuspinera, "antes era un hecho social, pero ahora tenemos que buscar nuevas fórmulas a causa del ritmo de vida: ¿por qué no puede ser bueno un *fast food* si la carne es de buena calidad?", (6)_____.

Para Cuspinera, el reto de la alta cocina es el producto fresco y natural. "Proliferarán las piscifactorías porque actualmente ya no se encuentra pescado fresco para todo el mundo. Pero por suerte el mundo se ha hecho pequeño y un producto fresco de China que antes tardaba semanas en llegar ahora llega en 24 horas".

(Artículo adaptado:
http://www.consumaseguridad.com/web/es/sociedad_y_
consumo/2004/09/16/14332.php)

1. ⓐ
    a. por otro lado   c. además
    b. pues   d. por el contrario

2. ☐
    a. por   c. en
    b. según   d. sobre

3. ☐
    a. sin embargo   c. asimismo
    b. pues bien   d. desde luego

4. ☐
    a. además   c. al fin y al cabo
    b. pues bien   d. a propósito

5. ☐
    a. incluso   c. encima
    b. mejor dicho   d. a pesar de todo

6. ☐
    a. afirma   c. exclama
    b. se pregunta   d. se desdice

3

C. Dolor de espalda

1. Relaciona las siguientes expresiones con su significado.

1. Dar pie.	**c**
2. Por narices.	☐
3. Tener cara.	☐
4. Como anillo al dedo.	☑
5. Salir por pies.	☐
6. Tener mala pata.	☐

a. Sin otra alternativa.
b. No tener vergüenza.
c. Dar motivos a alguien para que actúe o hable de una forma determinada.
d. Escapar deprisa de un peligro.
e. Tener mala suerte.
f. Muy adecuado.

2. Completa las frases con las expresiones anteriores.

1. Ella me *ha dado pie* para que actúe de esta manera.
2. Tengo que aprobar el examen _____.
3. Tu prima _____. Todavía no me ha pagado lo que me debe.
4. En cuanto llegó la policía los ladrones _____.
5. ¡Pobre! _____, se ha quedado otra vez sin trabajo.
6. Las vacaciones nos vienen _____ para estudiar para los exámenes.

3. Lee la siguiente entrevista con un médico sobre el dolor de espalda y completa las frases.

¿Qué puedo hacer para sentir alivio cuando me duele la parte baja de la espalda?

La mejor posición para sentir alivio cuando hay dolor de espalda es acostarse de espaldas en el suelo con almohadas debajo de sus rodillas, con las rodillas y caderas dobladas y los pies sobre un asiento o simplemente con las rodillas y las caderas dobladas. Esto elimina la presión y el peso que recae sobre la espalda.

Si usted tiene que descansar, su espalda lesionada es probable que necesite de uno a dos días de este tipo de descanso. Descansar por más tiempo puede hacer que sus músculos se debiliten, lo cual puede retardar su recuperación. Incluso si le duele, camine durante unos pocos minutos cada hora.

¿Hay alguna cosa más que se pueda hacer para sentir alivio?

Las almohadillas calientes pueden ayudar a relajar espasmos musculares dolorosos. Use calor de 20 a 30 minutos cada vez. Las bolsas o empaques con hielo y los masajes también le pueden proporcionar alivio.

También existen medicamentos que no requieren prescripción médica que disminuyen el dolor o la hinchazón, como la aspirina.

¿Cuándo se debe ir al médico?

Debe acudir al médico si el dolor le baja por la pierna hasta más abajo de la rodilla, si siente su pierna, pie o ingle entumecidos; si tiene fiebre, náusea, vómito, dolor de estómago, debilidad o sudoración; si pierde el control para ir al baño, etc.

Y para finalizar, ¿qué consejos me daría para prevenir la distensión de los músculos de la espalda?

No levante nada doblando el cuerpo hacia delante, levante un objeto doblando sus caderas y rodillas y luego agachándose en esta posición para levantar el objeto. Mantenga la espalda recta y sostenga el objeto cerca de su cuerpo. Evite doblar el cuerpo mientras levanta algo.

Si usted se tiene que sentar en el escritorio o en el asiento de su automóvil durante períodos de tiempo largos, tome descansos para estirarse.

Use zapatos planos o zapatos con tacones bajos; máximo de una pulgada (2,54 cm) de alto o menos.

Haga ejercicio regularmente. Un estilo de vida inactivo contribuye al dolor en la parte baja de la espalda.

1. Si te duele la espalda, *acuéstate* de espaldas en el suelo con almohadas debajo de tus rodillas.
2. Si os duele la espalda, _camiñad_ durante unos pocos minutos cada hora.
3. Si alguna vez les duele la espalda a tus hijos, _usa pones_ almohadillas calientes o ~~toma~~ _dales_ una aspirina.
4. Si el dolor te baja por la pierna hasta la rodilla, _vate_ al médico. / acude
5. Si levantaras las cosas pesadas del suelo doblando las caderas y rodillas, no _tendrías_ problemas de espalda.
6. Si ~~estás~~ _sentaras_ bien delante del escritorio, ahora no ~~te dolerías~~ _dolerías_ la espalda.
7. Si _hubieras_ ejercicio regularmente, te encontrarías mejor. hicieras / harías

4. Construye frases condicionales a partir de los siguientes dibujos.

No llegar tarde / tomar el autobús.

Si no hubiera llegado tarde, habría tomado el autobús.

Tener cuidado / el mono no comer su merienda.

Si tuvieras cuidado, el mono no comería su merienda

☆ Si hubieras tenido cuidado, el mono no habría comido su merienda

Tener dinero / comprar el collar.

Si tuviera dinero, compraría el collar

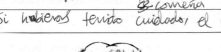

Dar prisa / la tienda no estar cerrada.

Si se hubiera dado prisa, la tienda no habría estado cerrada

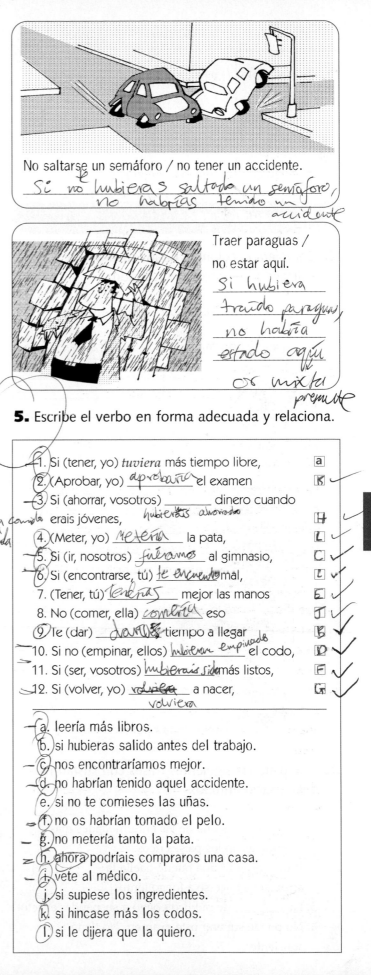

No saltarse un semáforo / no tener un accidente.

Si no hubieras saltado un semáforo, no habrías tenido un accidente

Traer paraguas / no estar aquí.

Si hubiera traído paraguas, no habría estado aquí

es mixta
premate

5. Escribe el verbo en forma adecuada y relaciona.

1. Si (tener, yo) *tuviera* más tiempo libre, **a**
2. (Aprobar, yo) aprobaría el examen **k**
3. Si (ahorrar, vosotros) _____ dinero cuando erais jóvenes, hubierais ahorrado **H**
4. (Meter, yo) METERÍA la pata, **L**
5. Si (ir, nosotros) fuéramos al gimnasio, **C**
6. Si (encontrarse, tú) te encuentras mal, **L**
7. (Tener, tú) tendrías mejor las manos **E**
8. No (comer, ella) comería eso **J**
9. Te (dar) daría tiempo a llegar **B**
10. Si no (empinar, ellos) hubieran empinado el codo, **D**
11. Si (ser, vosotros) hubierais sido más listos, **F**
12. Si (volver, yo) volviera a nacer, **G**
   volviera

a. leería más libros.
b. si hubieras salido antes del trabajo.
c. nos encontraríamos mejor.
d. no habrían tenido aquel accidente.
e. si no te comieses las uñas.
f. no os habrían tomado el pelo.
g. no metería tanto la pata.
h. ahora podríais compraros una casa.
i. vete al médico.
j. si supiese los ingredientes.
k. si hincase más los codos.
l. si le dijera que la quiero.

3

A. ¿Con quién vives?

1. Completa la columna de los sustantivos utilizando los sufijos del recuadro.

-encia, -eza, -ción, -idad, -miento

VERBOS-ADJETIVOS	SUSTANTIVOS
1. Presente	*presencia*
2. Atento	
3. Obeso	
4. Pensar	
5. Natural	
6. Hundir	
7. Ausente	
8. Cocer	
9. Puro	
10. Capaz	
11. Prudente	
12. Devolver	
13. Hábil	
14. Sentir	
15. Áspero	
16. Pobre	
17. Correr	
18. Legal	
19. Solucionar	

2. Completa las siguientes frases con sustantivos del ejercicio anterior.

1. La *obesidad* es una de las enfermedades más extendidas en los países ricos.
2. Para conseguir una buena paella la _____ del arroz debe hacerse a fuego lento.
3. La _____ de público obligó a suspender el acto.
4. No puede superar este examen. No tiene suficiente _____.
5. Los países ricos deben hacer un esfuerzo para sacar al Tercer Mundo de su _____.
6. Es un diamante de mucho valor. Tiene una gran _____.
7. Los _____ de Platón han llegado hasta nuestra época.
8. Hay que presentar el *ticket* de compra para realizar la _____.
9. No acudió a la reunión aunque su _____ era imprescindible.
10. Leonardo Di Caprio protagonizó una película sobre el _____ del Titanic.
11. Hay que encontrar la _____ definitiva para este problema.
12. Para conducir con seguridad es necesario tener _____.
13. Es muy reservado. Nunca expresa sus _____.
14. Las últimas lluvias han provocado graves _____ de tierra.
15. El cambio climático está alterando los ritmos de la _____.

3. Completa el texto con sustantivos derivados de las palabras entre paréntesis.

Nervios ante los exámenes

Uno de cada cinco universitarios españoles siente niveles de ansiedad graves ante la (1) *realización* (realizar) de un examen. El 77% de las mujeres se encuentra ante la (2)_____ (necesitar) de un (3)_____ (tratar) para afrontar la ansiedad que les provoca la hoja en blanco frente a un 23% de los hombres. Estos datos provienen de un estudio titulado "Ansiedad ante los exámenes: una (4)_____ (evaluar) de sus (5)_____ (manifestar) en los (6)_____ (estudiar) españoles" recogidos en 16 universidades. Las chicas de Ciencias de la Salud entre los 19 y 20 años son las más afectadas por la ansiedad. La (7)_____ (preocupar) excesiva, los (8)_____ (pensar) negativos y la (9)_____ (inseguro) minutos antes de la prueba son sus principales enemigos.

ESCUCHAR

4. Escucha la audición y di a qué personaje, Pilar o Esteban, corresponde cada una de estas afirmaciones: 4 ⊙

1. Tiene hijos: *Pilar*

2. No tiene hijos: _____

3. Tiene pocos amigos: _____

4. Tiene muchos amigos: _____

5. Le gusta salir con sus amigos: _____

6. Le gusta charlar con sus amigos: _____

7. Es muy sociable: _____

8. Es menos sociable: _____

5. Escucha de nuevo y contesta las siguientes preguntas:

1. Según el estudio australiano, ¿qué cosas mejoran con la amistad?

   _____

2. ¿Qué edad tenían las personas encuestadas?

   _____

3. ¿En qué época de la vida interrumpió Pilar las relaciones con sus amigos?

   _____

4. ¿En la actualidad, por qué considera Pilar importantes a los amigos?

   _____

5. ¿Qué ha compartido Esteban fundamentalmente con sus amigos a lo largo de su vida?

   _____

6. ¿Qué es para Pilar un amigo?

   _____

7. ¿Qué es un amigo para Esteban?

   _____

8. ¿Qué tipo de actividades realiza Pilar actualmente con sus amigos? ¿Y Esteban?

   _____

B. El amor eterno

1. Relaciona el principio con el final de cada frase.

1. Esta es la clínica...	**d**
2. ¿No es esta la casa...	☐
3. No hay nadie...	☐
4. ¿Has devuelto el libro...	☐
5. ¿Es esta la joven...	☐
6. No encontré ningún sitio...	☐
7. Este es el compañero...	☐
8. ¿No recuerdas el año...	☐
9. Esta es la foto...	☐
10. Estos son los amigos...	☐

a . ...del que sacaste la información?

b . ...de quien te hablé.

c . ...en el que se casó tu hermano?

d . ...en la que nací.

e . ...en la que vive Ángel?

f . ...en quien se pueda confiar.

g . ...en la que salgo con mis amigos.

h . ...con quien he hablado por teléfono?

i . ...con los que me voy de viaje.

j . ...en el que se pudiera aparcar.

2. Une las frases para formar oraciones de relativo con preposición.

1. Vivo en una calle del centro. Es muy difícil aparcar.
   Vivo en una calle del centro en la que es muy difícil aparcar.

2. Este es el amigo de Arturo. Queríamos invitarle a nuestra fiesta.

   _____

3. Estuvimos ayer con mi prima Rosa. Te hablé de ella en mi última carta.

   _____

4. Estuve en el campo de fútbol del barrio. Allí jugábamos de pequeños.

   _____

5. He encontrado una casa preciosa. Me gustaría vivir en ella.

   _____

4

6. Necesitamos una persona. Le encargaremos el cuidado de nuestros hijos.

_____

7. Este es el problema. Ustedes querían hablar con él.

_____

8. Esta es la empresa ideal. Me gustaría trabajar en ella.

_____

9. Pasamos unas vacaciones en la playa. Toda la familia disfrutó muchísimo.

_____

10. Son buenos jugadores. Se puede confiar en ellos para formar un equipo.

_____

11. Es un buen profesional. Se puede trabajar con él.

_____

12. Hace falta un ordenador potente. Instalaremos los nuevos programas.

_____

3. Completa las frases utilizando oraciones de relativo con preposición. Escribe las dos posibilidades, como en el ejemplo, cuando sea posible.

1. (La policía está buscando a un ladrón).
   "El Pera" podría ser el ladrón al que está buscando la policía.
   "El Pera" podría ser el ladrón a quien está buscando la policía.

2. (Alfonso trabaja en una empresa).
   Alianza es la empresa _____

   _____

3. (Necesitamos un vehículo para hacer el viaje).
   Nuestro coche podría ser el vehículo adecuado

   _____

4. (Irene estuvo casada con un alemán).
   He conocido al alemán _____

5. (Hablamos a diario con muchos clientes).
   Ustedes son algunos de los clientes _____

6. (Estuve de vacaciones en un hotel).
   En esta foto se ve el hotel _____

7. (Te dije que me iba a vivir a una casa nueva).
   Esta es la casa _____

8. (María me presentó a un amigo suyo).
   Antonio es el amigo _____

9. (Comimos en un restaurante estupendo).
   Te voy a dar el teléfono del restaurante _____

10. (Gasol juega en la NBA).
    La NBA es la liga _____

11. (He estado trabajando en unas excavaciones).
    Atapuerca es uno de los lugares _____

12. (Estoy compartiendo piso con unos compañeros).
    Me gustan mucho los compañeros _____

4. Completa con los relativos correspondientes. Suele haber más de una opción.

1. A veces me pregunto qué será de mí el día *en que/en el que* me jubile o tenga una crisis de edad _____ te preguntas: ¿qué he hecho en mi vida?

2. Hay 23 mujeres en la alta dirección, _____ más de la mitad tienen hijos.

3. José es el hombre _____ quiero, y voy a casarme con él.

4. Aquella mañana _____ Paz llegó tarde a la escuela había soñado precisamente eso, que llegaba tarde a la escuela.

5. La protagonista de mi historia, _____ regalé el libro y _____ amaba profundamente, quedó condenada a no hacer nada más que leer novelas policíacas el resto de su vida.

6. Salieron a un gran patio _____ se alzaban cuatro edificios: la casa principal, el chalé de invitados, el granero _____ acababan de salir y el garaje de tres plazas.

7. Ricardo aparentaba ser un hombre _____ se podía confiar.

8. Cecilio estaba cansado de luchar. Recordó los tiempos _____ se esforzaba por sacar adelante el negocio.

9. Recibió un telegrama _____ le informaba del día y la hora de llegada del barco.

10. Estaban en el sótano de una casa _____ habían llegado después de una cuesta llena de barro.

5. Lee el texto y completa los huecos con las palabras del recuadro.

> lo que (x 2) – con la que – con el que
> a los que – en las que – de quien – a las que
> a quienes – con quienes

¿Por qué se complica tanto el amor?

Hasta hace poco la felicidad del hombre consistía en casarse con una mujer (1) *con la que* tener hijos sanos y una casa bien organizada. Y la de la mujer, en tener un marido trabajador (2)_____ se pudiera decir que era un buen padre. Pero se ha producido un cambio trascendental: ahora se desea una plenitud emocional. Por eso, actualmente es más difícil amarse. Los jóvenes creen que una relación dura (3)_____ dura. Así, las parejas de ahora tienen más presente que existe la posibilidad de una separación, (4)_____ hace que se creen medidas de autoprotección.

Se piensa que cuando una pareja se casa después de haber convivido, este matrimonio está garantizado. Pero los sociólogos han comprobado que aquellos que se casan con personas (5)_____ ya han convivido previamente, tienen un riesgo de separación mayor que aquellas parejas (6)_____ la convivencia ha sido menor. ¿Cuál es la causa? Las parejas con convivencia previa suelen estar formadas por personas (7)_____ sobre todo les importa mantener su independencia. Son dos personas autosuficientes (8)_____ une el deseo de convivir, (9)_____ surge la pregunta: si son autosuficientes, ¿por qué quieren convivir?

Pero, a pesar del desconcierto, seguro que los hombres y las mujeres acabaremos por encontrar una solución. Hay una teoría en la que creemos: el único amor duradero es aquel (10)_____ se alcanza la propia felicidad procurando al mismo tiempo la del otro.

6. Elige la respuesta adecuada para las siguientes preguntas.

1. ¿Por qué afirma el autor que las relaciones de pareja han cambiado?
- ☐ a. Porque las mujeres ya no quieren tener hijos.
- ☐ b. Porque los maridos ya no son buenos padres.
- ☐ c. Porque ambos miembros de la pareja desean una mayor intensidad afectiva en la relación.

2. ¿Por qué fracasan los matrimonios aunque hayan convivido previamente?
- ☐ a. Porque no han convivido lo suficiente.
- ☐ b. Porque su libertad individual está por encima de la pareja.
- ☐ c. Porque es mejor casarse sin haber convivido previamente.

3. ¿Cuál considera el autor que puede ser la solución para la pareja?
- ☐ a. Procurar una felicidad compartida.
- ☐ b. Mantener nuestra independencia.
- ☐ c. Renunciar a nuestra vida anterior.

4

C. Los nuevos españoles

1. Subraya la opción más adecuada.

1. Está nublado. Yo creo que *el / lo / él* mejor es coger el paraguas.
2. A. ¿A quién te referías, al chico de la chaqueta gris?
   B. No. Es *él / el / lo* de la chaqueta verde.
3. No te creas todo *el /él / lo* que te digan.
4. Ayer vi a Ángel. No sabes *el / lo* triste que estaba.
5. Yo no estoy segura. *El / Lo* que *él / el / lo* vio todo fue Juan.
6. ¿Quién fue *él / lo / el* que tuvo la culpa?
7. ¿Quién es *el / lo / él* que más te preocupa?
8. ¿Qué es *el / lo* que más te preocupa?
9. Antes de hablar piensa en *el / lo* que dices.
10. No hagas caso a Rodolfo. ¿Quién es *él / el / lo* para decirte *lo / él / el* que tienes que hacer?
11. No pienses en *el / lo* caro que salga. *El / Lo* importante es que se resuelva el problema.
12. *El / Lo / Él* que dijo que no venía, ha sido *el / lo* primero en llegar.
13. *El / Lo* más importante no es llegar el primero, sino participar.
14. Dime *el / lo* que te dijo. *Él / Lo* es de fiar.
15. Parece que *el / lo* que te informó *el / lo* tiene muy claro.
16. ¿Te has enterado de *el / lo* que ha pasado?

2. Reescribe las siguientes frases como en el ejemplo.

1. Las amigas de Juanjo hablan mucho.
   No te puedes imaginar lo que hablan las amigas de Juanjo.
2. Cuando llego a casa del trabajo, estoy muy cansado.
   No sabes _____.
3. Me ha costado muy caro arreglar el coche.
   No veas _____.
4. Ayer por la noche llovía muchísimo.
   No te imaginas _____.
5. La última película de Almodóvar me gustó muchísimo.
   No te puedes imaginar _____.

6. Me salió muy bien el examen.
   No veas _____.
7. Tenía muchísimas ganas de verte.
   No te imaginas _____.
8. El año pasado te eché mucho de menos.
   No sabes_____.
9. Se ha enfadado muchísimo por lo que ha pasado.
   No te puedes imaginar _____.
10. Mi hermana se ha hecho una casa preciosa.
    No te imaginas _____.
11. El coche nos ha costado carísimo.
    No veas _____.
12. El polideportivo está muy lejos del hotel.
    No te puedes imaginar _____.

3. En cada una de las siguientes frases hay un error. Corrígelo.

1. No sabemos *de quien* confiar. *en quien*
2. Si necesitas dinero, yo puedo prestarte que quieras.
   _____
3. Andrés, ha venido un comercial quien pregunta por ti.
   _____
4. ¿A que no sabes el que vimos ayer en el parque? A Pedro.
   _____
5. No sabes los diferentes que son los hijos gemelos de Andrea.
   _____
6. Tras un largo rato donde se dedicó a telefonear a sus amigos, se puso a escribir nombres en su cuaderno.
   _____
7. No hagas caso de que te dijo Marcelo, él no te conoce bien.
   _____
8. Ahora mismo no recuerdo el nombre de la empresa para que trabaja mi hermana.
   _____
9. ¿Te has fijado la guapa que está Montse con ese nuevo peinado?
   _____
10. ¿Te has enterado lo de Aurora? Parece que se va a Canadá con una beca importantísima.
    _____

4. Lee el siguiente texto y di si las siguientes afirmaciones son verdaderas o falsas.

Sin límites, pero con prejuicios

¿Por qué limitarse a las personas que puedes conocer en tu trabajo, en tu barrio, incluso en tu país, cuando tienes al alcance millones de personas en el mundo? Esta pregunta se la hizo Alejandro, de 39 años. Él nunca tuvo problemas para encontrar pareja, asegura, pero le atrajo conocer gente por la red porque se eliminan las limitaciones geográficas. Gracias a Internet ha tenido varias relaciones internacionales y vive ahora en Madrid con su novia, una mujer rusa de 25 años con la que quedó en París para conocerse.

Pero Alejandro en realidad no se llama así. Este abogado no da su verdadero nombre porque le preocupan sus clientes: "los hay más modernos, pero también más clásicos", dice. Cree que en la sociedad aún existen prejuicios contra las personas que conocen a otras por Internet. Le preocupan "los chistes, los comentarios peyorativos que se escuchan constantemente".

No es el único que prefiere ocultar que conoció a su pareja en la Red. Hay bastantes casos, a pesar de que aún le sorprende al profesor de sociología de la Universidad Nacional de Educación a Distancia (UNED) Antonio López. "Quizá sea porque la gente tiene asociado Internet a algunos casos escabrosos, de pornografía, por ejemplo", dice. Pero asegura que Internet se está "normalizando como un medio de comunicación más".

J. A. A. (*El País*, 29-1-2006)

1. Alejandro nunca había tenido novia antes de encontrarla en Internet. ☒ F

2. Alejandro afirma que a través de la Red no existen fronteras para hacer nuevas amistades. ☐

3. Alejandro oculta su verdadero nombre por motivos laborales. ☐

4. Alejandro opina que todo el mundo acepta sin dificultad las relaciones a través de Internet. ☐

5. Al profesor Antonio López no le resulta extraño que las personas oculten sus relaciones a través de la Red. ☐

5. Vuelve a leer el texto y contesta las siguientes preguntas.

1. ¿Qué ventajas tiene buscar relaciones por Internet?

_____

2. ¿Por qué se decidió Alejandro a buscar una pareja en la red?

_____

3. ¿Qué motivos le llevaron a ocultar su verdadero nombre?

_____

4. ¿Cómo reaccionan las personas más conservadoras ante este tema?

_____

5. ¿Cómo justifica el sociólogo Antonio López el secretismo en este tipo de relaciones a través de la Red?

_____

A. La publicidad

1. Muchas veces la publicidad exagera o transforma la realidad y el producto que compramos no se corresponde con lo que aparece en el folleto publicitario. Cuando esto sucede, ponemos una denuncia. Lee el siguiente texto y completa los huecos con las palabras del recuadro.

> copias – reclamación – usuarios – elaboración
> datos – empresa – solución – establecimientos
> oficial – consumidor – motivos – tramitación

CÓMO PRESENTAR UNA DENUNCIA A CONSUMO

La Asociación General de Consumidores (ASEGECO) ante una (1) *reclamación* de un consumidor frente a un empresario propone lo siguiente:

<u>PRIMER PASO</u> Intentar llegar a una (2)_____ amistosa con el empresario.

<u>HOJA OFICIAL</u> Solicitar al empresario la Hoja de Reclamaciones (3)_____.

Por imperativo legal, los (4)_____ deben tener a su disposición un modelo específico de Hoja de Reclamaciones.

Esta tiene tres (5)_____: una para el empresario, otra para el consumidor y otra para el Ayuntamiento. Con esta queda constancia de los (6)_____ del reclamante y del reclamado, fecha y los (7)_____ de la reclamación.

La administración posteriormente se va a dirigir a la (8)_____ reclamada para intentar llegar a una solución, e informará al (9)_____ de los resultados de su mediación.

<u>ACUDIR A</u> El consumidor puede acudir a una organización de consumidores y (10)_____ para recibir información sobre los derechos que le asisten, beneficiarse de una asistencia en la (11)_____ de escritos de reclamación así como en la (12)_____ de procedimientos judiciales o arbitrales.

(Adaptado de *Latino*)

2. Imagina que estás en una ciudad española y tomas un autobús. Tú le entregas al conductor 10 €, pero el conductor no tiene cambio y se niega a dejarte subir al autobús. Su obligación es tener cambio para cantidades no superiores a 10 €. Rellena esta hoja de reclamación.

HOJA DE RECLAMACIÓN

LUGAR DEL HECHO
En: _____
Provincia: _____
Fecha: _____

IDENTIFICACIÓN DEL RECLAMANTE
Nombre y apellidos: _____
_____ DNI:_____
Domicilio: _____
Población: _____
Provincia: _____ C.P.: _____
Teléfono: _____ Nacionalidad: ____

IDENTIFICACIÓN DEL RECLAMADO
Razón social: _____
CIF: _____ Actividad: _____
Domicilio:_____
Población: _____
Provincia: _____
C.P.: _____ Teléfono: _____

QUEJA O RECLAMACIÓN
Describa los hechos y motivos de la queja o reclamación que presenta ante el Servicio de Atención al Cliente de la Sociedad:
_____
_____
_____

PETICIÓN QUE REALIZA A LA SOCIEDAD
Describa la petición que realiza a la Sociedad en relación con los hechos anteriormente descritos:
_____
_____
_____

En _____ a ____ de _____ de _____

Firma del reclamante:

*Ejemplar para entregar por el consumidor en la administración.

3. Lee lo que dice un importante publicista acerca de la importancia de las fases de un anuncio publicitario y señala si las afirmaciones son verdaderas *(V)* o falsas *(F)*.

Rafael Nadal

LAS FASES DE UN ANUNCIO PUBLICITARIO

Los anuncios tienen diferentes fases a tener en cuenta para hacer efectivo el modo en el cual se quiere comunicar el mensaje. Para ello, antes de realizar un anuncio publicitario hay que pensar el mensaje que se va a comunicar, a través de qué medio (verbal, escrito, etc.) y durante qué plazo de tiempo.

Según estas pautas, obtenemos las siguientes fases de un anuncio:

- En anuncios de productos culinarios, es más efectivo mostrar el plato completamente acabado, que no los elementos (los ingredientes) que lo forman.
- Si se utilizan personas en el anuncio, se optará por escoger personajes famosos, pues incrementan el nivel de captación y atención del producto publicitado.
- La composición del anuncio deberá ser lo más simple posible y que este incluya una sola figura, para captar el centro de atención.
- Los colores que emplearemos en el anuncio juegan un papel muy importante, porque llaman la atención y hacen que se fijen en el anuncio.
- Algunos temas de la historia resultan aburridos, con lo que es mejor optar por animales, bebés e imágenes de contenido "erótico", que es lo que agrada al público.
- En lo que se refiere a modelos humanos, el rostro nunca se representará más grande de su tamaño natural.

(Adaptado de www.fotonostra.com)

1. Para que los anuncios sean efectivos es imprescindible que cumplan ciertas fases. **V**

2. En los anuncios relacionados con las comidas es imprescindible que aparezcan los ingredientes. ☐

3. La razón por la que se eligen personas famosas para los anuncios es porque el público así lo demanda. ☐

4. Cuanto más elaborado es un anuncio mejor es su calidad. ☐

5. El papel más importante en un anuncio es el desempeñado por los colores y por animales. ☐

4. A continuación te presentamos unos eslóganes de diferentes productos. Tú has comprado esos productos pero no se ha cumplido el eslogan. Quéjate a un amigo/a.

a.

"El algodón no engaña"

En el anuncio decía que el algodón no engañaba pero yo he limpiado mi cocina con ese producto y no me ha quedado muy limpia.

5

b. "No compre sin ton ni son, compre Thomson"

_____
_____

c. "Preocúpate de nada"

_____
_____

d. "Llévate tu tarifa nacional al extranjero por sólo 0,99 € más por llamada"

_____
_____

e. "Si es Bayer, es bueno"

_____
_____

f. "Siguen alumbrando cuando otras se queman"

_____
_____

B. Dinero

1. Lee esta carta y completa los huecos con una de las palabras o expresiones del recuadro. ¡Cuidado! Hay más palabras que huecos.

> en primer lugar – desgraciadamente
> expresar mi malestar – después
> en segundo lugar – les adjunto
> me veré obligada a – quejarme por
> por si esto fuera poco
> en consecuencia – sino que además

Elsa y Chus no dan crédito. Después de estar todo el año ahorrando para pasar las vacaciones en Brasil, el viaje fue todo lo contrario de lo que les prometieron en la agencia de viajes. Elsa acudió al establecimiento para quejarse personalmente, pero no le hicieron mucho caso. Ha redactado esta queja para reclamar una indemnización.

Lugo, 7 de agosto de 2007
Viajes Volare
C/ San Lázaro, 36

Muy señor/a mío/a:

Me dirijo a usted para (1) *expresar mi malestar* por el resultado de un viaje contratado en su agencia. El pasado mes de julio mi hermana y yo fuimos durante una semana a las cataratas de Iguazú (Brasil) en un viaje organizado en su agencia. Cuando lo contratamos, ustedes nos ofrecieron una serie de ventajas, como: un hotel cerca de las cataratas y cerca del pueblo, de tres estrellas, guías que nos esperarían en los puntos de llegada y nos orientarían, etcétera.

(2)_____, los problemas comenzaron cuando llegamos a Sao Paulo.

(3)_____, nuestro equipaje se había perdido y no había nadie de su compañía para ayudarnos. (4)_____, al llegar al hotel nos encontramos con una desagradable sorpresa. El hotel estaba a varios kilómetros, tanto de las cataratas como del pueblo.

(5)_____, era de dos estrellas, estaba realmente sucio y sólo hablaban portugués.

(6)_____, reclamamos daños y perjuicios por el no cumplimiento de las condiciones ofrecidas por ustedes en este viaje.

(7)_____ los detalles del folleto del viaje que contratamos y nuestros datos.

Espero su respuesta, comunicándole que, si en un plazo prudente no se produce, (8)_____ iniciar otro tipo de gestión.

Le saluda atentamente,
Elsa Piñeiro

---

2. Relaciona.

1. Interés	———	a. variable
2. Hipoteca		b. hipotecario
3. Préstamo		c. base
4. Sueldo		d. en blanco
5. Cheque		e. corriente
6. Descuento		f. de crédito
7. Factura		g. del 40%
8. Cuenta		h. electrónica
9. Resguardo		i. joven
10. Tarjeta		j. de matrícula

3. Transforma en estilo indirecto estas frases.

1. "¡Ojalá me toque la lotería!"
   David dijo que *ojalá le tocara/se la lotería*.

2. "El director de la empresa ha fallecido".
   En la TV han informado de que _____.

3. "No soportamos que la gente fume en los pasillos".
   Lourdes y Miguel se quejaban de que la gente
   _____.

4. "Lávate los dientes".
   Manuel le pidió a su hija que _____.

5. "No se puede copiar".
   Pilar ha prohibido que _____.

6. "Acérquense y miren qué maravilla".
   El vendedor sugirió que _____.

7. "Hay que ahorrar más para levantar la economía".
   El presidente del Gobierno instó a los ciudadanos
   a que _____.

8. "¡Cuantas más estrellas haya más gente pensará en mí!"
   ¿Recuerdas aquella canción que decía que_____
   _____?

9. "Mañana finaliza el plazo de inscripción".
   La carta de ayer advertía que _____.

10. "Vosotros seréis mis sucesores".
    Mi tío nos aseguró que _____.

5

4. Completa los siguientes diálogos.

a) Diálogo de una pareja de novios:

ADRIÁN: ¿Vienes al cine esta noche?

PAULA: No. No me gusta ninguna de las películas que ponen y además no me encuentro muy bien, me duele la cabeza y tengo escalofríos.

(10 minutos más tarde Paula se encuentra con su amiga María)

PAULA: ¿Sabes María?, Adrián me ha invitado al cine esta noche...

MARÍA: ¿Y qué le has dicho?

PAULA: Que no, que no me gustaba _____
_____

b) Por la calle. Dos amigos caminan y uno pregunta por una dirección a un desconocido...

A. Disculpe, ¿para ir a la calle Ramón González?

B. Sigan todo recto y giren a la izquierda en la segunda calle. Caminen un poco más y cuando encuentren una pastelería vuelven a girar a la izquierda y ya la encontrarán.

(Uno de los amigos le pregunta al otro)

C. ¿Qué te ha dicho?

A. Que _____
_____

c) Dos amigos:

MARINA: ¿Te puedo pedir un favor?

LUCAS: Claro.

MARINA: Necesito que vayas a mi casa y que me traigas los apuntes que dejé encima de la mesa. Es un trabajo muy importante para la profesora y lo tengo que entregar hoy.

(Quince minutos más tarde Lucas se encuentra con un amigo...)

AMIGO: ¿Adónde vas con tanta prisa?

LUCAS: Es que Marina me ha pedido que
_____

5. Escucha a las siguientes personas hablar sobre su situación actual y sus hipotecas. Contesta las preguntas. **5** 🔘

1. ¿Qué otros gastos preocupan a Isabel y a José Ángel, además de la subida de su hipoteca?
_____

2. ¿Qué temor tienen Isabel y José Ángel?
_____

3. ¿Qué les ha ayudado a Isabel y a José Ángel a lanzarse a la compra de la casa?
_____

4. ¿Qué significa "a salto de mata"?
_____

5. ¿Crees que María y Juanjo son unos despilfarradores?
_____

6. ¿Por qué no son capaces de ahorrar María y Juanjo?
_____

c. comercio justo

1. Completa la columna de los adjetivos utilizando los sufijos del recuadro.

> -ble/-es – -ico/-a/-os/-as – -al/-ales
> -oso/-a/-os/-as – -ivo/-a/-os/-as – -nte/-es

SUSTANTIVOS	ADJETIVOS
lavar	*lavable*
dolor	
escalofrío	
arcilla	
asma	
verde	
cáucaso	
cantar	
afecto	
teatro	
año	
amor	
olor	
trópico	

2. Construye frases con cada uno de los adjetivos resultantes en el ejercicio anterior.

_____

_____

_____

_____

_____

_____

3. Completa las siguientes secuencias con el adjetivo adecuado. El adjetivo se forma con un sufijo.

1. una mayoría (que aplasta) *aplastante*
2. comida (que abunda) _____
3. un caballero (que anda) _____
4. un platillo (que vuela) _____
5. un tipo (que repugna) _____
6. un calor (que agobia) _____
7. el agua (que corre) _____
8. el sol (que nace) _____
9. una medida (que urge) _____
10. una persona (que cree) _____

4. El sufijo *-oso/-a/-os/-as* puede presentar las variantes *-uoso/-a/-os/-as* o la variante *-uso/-a/-os/-as*. Escribe los adjetivos correspondientes. Consulta tu diccionario.

1. lujo: *lujoso*
2. confusión: _____
3. afecto: _____
4. vista: _____
5. majestad: _____
6. crema: _____
7. capricho: _____
8. agua: _____
9. defecto: _____
10. animación: _____
11. monstruo: _____
12. difusión: _____
13. virtud: _____
14. ruido: _____
15. ímpetu: _____

5. Completa las frases con el adjetivo derivado de los verbos o sustantivos del recuadro.

> educar – calor – celos – independencia
> horror – penetrar – profesión – poder
> comprender – lavar

1. La funda nórdica que has comprado no es *lavable*.
2. Este verano ha sido uno de los más _____ que yo recuerdo.
3. Es muy _____ en su trabajo. Siempre se puede contar con él.
4. Es un niño muy _____. No hay que estar detrás de él.
5. El examen ha sido _____. Yo creo que lo voy a suspender.
6. El político del que te hablé es uno de los hombres más _____ del país.
7. ¡No puedes hablar con nadie! Yo creo que tu novio es demasiado _____.
8. Me molesta mucho ese olor. Para mi gusto, es demasiado _____.
9. Le compré un cuento a mi sobrina porque me parece más _____ que una muñeca.
10. Es un jefe muy _____. En cuanto le explicaste el problema te dejó salir del trabajo.

5

multa = fine

6

A. La televisión

1. Conjuga los verbos que aparecen entre paréntesis.

1. Tienes que estudiar más para *aprobar* (tú, aprobar).

2. No me vuelvas a contar mentiras para que te _perdone_ (yo, perdonar). ✓

3. No os presentasteis en la fiesta con el fin de que os _echaran_ *de menos* (ellos, echar de menos). ✓

4. Paramos en mitad de la carretera con el fin de _evitar_ (nosotros, evitar) un accidente. ✓

Sorpresa 5. ¿Que te llamó para que le _dijeras_ (tú, decir) dónde estaba su libro? No me lo puedo creer. *En serio!*

6. Tus amigos nos invitaron precisamente con el objeto de que no _fuéramos_ (nosotros, ir). ✓

7. Llámale y díselo para que no _compre_ (él, comprar) nada. ✓

8. Si pretendes encontrar algo que has perdido, es mejor no buscarlo para _encontrarlo_ (encontrar) más rápido. ✓

9. Tú no tienes la razón ni la tendrás, que _te enteres_ (tú, enterarse). ✓

10. Él vino a _hablar_ (hablar) contigo. ✓

11. Harías lo que fuese con el fin de _ganar_ (ganar) más dinero. ✓

ser 12. No se lo digas hasta que lo tengas delante ✓ *poder* para _podáis_ (nosotros, poder) ver su cara.

ser = estar poder = coner 13. Le (cosió) el bajo del pantalón para que no lo _arrastrara_ (arrastrar). ✓ *hir*

14. Las medicinas os las dieron con el fin de que os _curarais_ (vosotros, curarse). *curarais*

15. Os hemos comprado un vale que podréis utilizar para _relajaros_ (vosotros, relajarse) en un balneario durante un fin de semana. ✓

1. Marina llamó a sus padres… [e]
2. Salimos a la calle… [c]
3. Recuerdo que escondí el diario… [a]
4. Daréis una fiesta en la urbanización… [d]
5. Se han apuntado al gimnasio… [b]
6. Carmen, grita, … [g]
7. No me vuelvas a llamar… [h]
8. Sofía salió corriendo… [f]

a. … con el objeto de que mis hermanos no lo encontrasen nunca.

b. … con el fin de adelgazar.

c. … para ver cómo llovía.

d. … para que vayan todos los vecinos.

e. … con el fin de que le dejaran más tiempo.

f. … a ver qué pasaba.

g. … que te oiga todo el mundo.

h. … para que te saque las castañas del fuego.

3. Escribe un final para estas frases utilizando *para (que)*, *con el fin de (que)*, *con el objeto de (que)*, *que*.

1. Te llamé esta mañana _para preguntarte algo_ *lo que había pasado.*

2. Le dio una patada a la pelota → *Not with something* _para intentar a ganar el partido_

3. Tendrían que mandar un correo *permiso* _con el objeto de obtener permiso_ *para ir de vacaciones*

4. Es conveniente que dejen de ver tanta televisión _para que la familia pase más tiempo junta._

5. Me sorprende que digas eso *que me* _para hacerme triste hagas triste_

6. Jamás te lo conté _con el fin de terminar nuestra relación amistad_

4. Lee el siguiente texto sobre la televisión en el móvil y contesta las siguientes preguntas.

¿QUIERES VER LA TELE EN TU MÓVIL?

La próxima gran novedad del sector tecnológico será ver la televisión en el teléfono móvil.

Nokia, el mayor fabricante de teléfonos móviles del mundo, acaba de anunciar los resultados de una prueba de televisión en el móvil, según los cuales el 41% de los participantes estaba dispuesto a pagar por el servicio y pensaba que una cuota mensual de 10 euros era un precio razonable.

Se están haciendo pruebas en todo el mundo, y en Corea del Sur un servicio de TV móvil que se lanzó en enero ya tiene más de 100.000 abonados. Debido a que los ingresos por las llamadas de voz han dejado de aumentar en los mercados desarrollados, la industria ha estado buscando nuevas formas de crecer. En los últimos años se ha publicitado utilizar el teléfono móvil para navegar por Internet, enviar mensajes con imágenes y la videotelefonía. Su última apuesta, hasta que ha aparecido la TV móvil, era descargar música desde los teléfonos móviles.

Si la demanda es tan grande, entonces, ¿por qué casi nadie usa televisores portátiles?

Los televisores portátiles actuales sólo pueden recibir transmisiones terrestres, que emiten relativamente pocos programas de deportes, ya que la mayor parte se difunde por canales vía satélite y por cable. También tienen antenas grandes y no funcionan bien cuando la persona se está moviendo. Pero las diversas tecnologías de TV móvil que se están probando ahora se han optimizado para su uso en movimiento.

Por otro lado, al igual que Internet, los mensajes de imágenes y la videotelefonía en los móviles, el servicio inicial distará mucho de ser perfecto. Los operadores y las cadenas y canales de televisión tendrán que firmar acuer-

dos, las autoridades reguladoras deberán asignar su cobertura, y habrá que construir redes nacionales de emisiones de televisión para móviles.

Los usuarios también tendrán que cambiar sus móviles por otros nuevos con receptores de televisión incorporados, que tendrán que ser fáciles de usar y no demasiado voluminosos, caros ni consumir mucha batería.

(Adaptado de la revista Actualidad Económica)

1. ¿Cuánto dinero están dispuestos a pagar los usuarios por tener tele en el móvil?

_____

2. ¿Por qué la industria telefónica baraja la posibilidad de poder ofrecer un servicio de TV a través del móvil?

_____

3. ¿Cuál era el último servicio que ofrecían los móviles antes de pensar en la TV?

_____

4. ¿Cuál es el mayor inconveniente de los televisores portátiles?

_____

5. ¿Va a ser fácil proporcionar al usuario el servicio de TV en el móvil?

_____

6. Para los usuarios, la introducción de la TV en el móvil va a suponer algunos trastornos como…

_____

6

B. Los ricos también lloran

1. Elige la opción más adecuada.

1. Industria multa a Telefónica _____ sus cabinas no devuelven cambio.
   - ☑ porque
   - ☐ a causa de
   - ☐ por

2. No te lo diré, _____ estoy muy enfadada contigo.
   - ☐ como
   - ☐ que
   - ☑ pues   *pues so? I am angry*

3. Le quitaron el carné _____ perder todos los puntos.
   - ☐ puesto que
   - ☑ por
   - ☐ porque

4. Dejaré de trabajar _____ el embarazo.
   - ☑ a causa de
   - ☐ ya que
   - ☐ puesto que

5. _____ hemos terminado pronto, podremos ir al cine.
   - ☑ Como
   - ☐ Por
   - ☐ A causa de

6. _____ lo prometiste, ahora tienes que hacerlo.
   - ☐ Por
   - ☑ Ya que
   - ☐ A causa de

7. _____ has bebido, es mejor que no conduzcas
   - ☑ Puesto que
   - ☐ Por
   - ☐ A causa de

8. ¡Ten cuidado, _____ te puedes hacer daño!
   - ☑ Que
   - ☐ A causa de
   - ☐ Por

9. _____ haya suspendido no va a pasar nada.
   - ☑ Porque *Indicativo*
   - ☐ A causa de
   - ☑ Puesto que   *+subs x nunca?*

10. No _____ hagas mucho deporte vas a adelgazar.
    - ☑ Porque
    - ☐ Por
    - ☐ Pues

2. Completa con el verbo adecuado.

1. No ha llamado porque *estabais* (estar, vosotros) viendo la televisión.

2. Ana llamó al médico por teléfono no porque **tuviera** (tener) miedo, sino porque **estaba** (estar) preocupada.

3. No quedes con ella porque te **dé** (dar) pena. Es peor para los dos.

4. Lo hago porque **quiero** (querer, yo). *no estoy seguro pero pienso*

5. Ya que me **has llamado** (llamar, tú), saldré un rato contigo.

6. Puesto que me lo **has dicho** (decir, tú), no te reñiré tanto.

7. Porque **sean** (ser) de otra ciudad, no deberías tratarlos así. *Like aunque   no puedes constatar*

8. Lo sé porque lo **he visto** (ver) dejar el coche delante de tu casa.

9. No iré a tu casa, no porque **sea** (ser) tarde, sino porque **tengo** (tener) mucho trabajo.

10. La eligieron por **ser** (ser) una de las personas que mejor CV tenía.

11. David, no se lo digas, que te **has odiado / odiará** (odiar) toda la vida.

12. Os eligieron no porque **cantarais** (cantar) bien, sino por **trabajar** (trabajar) en el conservatorio.

13. Falleció por no **llegar** (llegar) a tiempo al hospital.

14. No se lo compres porque **prefiere** (preferir) hacerlo ella misma.

3. Lee el texto y completa con las palabras o expresiones del recuadro.

> chistes a granel – epidemias
> que les aproveche – bucle de perversiones
> soplaron las velas – fiebre – unos niveles de
> de un solo tiro – caldo consumista

Bárbaros

La programación infantil padece dos (1) *epidemias* publicitarias simultáneas: imponer "Halloween" como tradición local y preparar el (2)_____ de Navidad. La industria del juguete presenta productos continuistas y alguna variación. Por ejemplo: un muñeco que, para poder ser feliz, necesita abrazar un osito de peluche. Es un modo sutil y perverso de vender dos muñecos (3)___,___ y no se descarta que el año que viene el osito abrazado exija algún muñeco abrazable para completar este (4)_____.

Menos mal que entre este alud de anuncios, a veces aparece alguna serie edificante. TVE emite *Dave el bárbaro,* unos dibujos animados con una estética parecida a la de los celebrados *Megabebés,* en la que los bárbaros demuestran ser bastante sensatos. El sábado, los bárbaros recibían la visita de un monologuista de la comedia del futuro y comprobaban hasta qué punto pueden ser cargantes los (5)_____.

Por otro lado, tenemos la actual edición de *Gran Hermano,* que también padece la histérica (6)_____ de Halloween y en la que los concursantes están dando muestras de (7)_____ barbarie muy preocupantes.

En cuanto a la celebración de los 50 primeros años de RTVE, tuvo, además de un necesario *Informe Semanal,* otro momento infantil en el Telediario del sábado. Sus presentadores, sonrientes e ilusionados, (8)_____ de un pastel que, en este caso, no tenía ninguna dimensión metafórica, (9)_____. El regalo de la casa es su anuncio conmemorativo, que apela al lado más nostálgico de la marca con una factura impecable.

(Adaptado de *El País.* Sergi Pàmies)

4. Chus quiere dejar a su novio pero no quiere herir sus sentimientos. Observa el monólogo de Chus para intentar explicar a su novio la causa por la que ha decidido dejarle. Ayúdale eligiendo los nexos más adecuados que aparecen en el recuadro. Recuerda que pueden aparecer varias veces o no aparecer.

> porque – por – como – a causa de
> ya que – puesto que – pues

Revise

pues like entonces

Hola, Alex:

¿Qué tal? ¿Sabes? He estado dándole vueltas y vueltas al asunto de mi viaje a Cannes y... (1) *como* estaré fuera de la ciudad bastante tiempo y... (2)_____ _____ nunca hemos estado tantos días sin vernos y ... (3)_____ _____ es probable que pueda quedarme a trabajar allí, he pensado que tal vez, (4)_____ todos estos inconvenientes, preferirías que nos diésemos un tiempo mientras dura mi estancia en Cannes.

Ya sabes que tú eres muy importante para mí, no sólo (5)_____ seas mi novio, sino (6)_____ también eres mi mejor amigo. Yo no sé muy bien qué hacer, (7)_____ ya ha llegado el momento de irme y todavía no tengo las cosas muy claras....

Tal vez sea mejor que dejemos que el tiempo decida...

6

c. Diarios en la red

1. Relaciona.

1. Si te llaman "friki"   **b**
2. Si vas de deportista   ☐
3. Si te has hecho un sibarita   ☐
4. Si te crees "cool"   ☐
5. Si te va la buena mesa   ☐

a. es que disfrutas de un dulce tanto como de un tentempié salado, la carne es tu pasión y el pescado una debilidad, comer verduras no es una obligación y la pasta no falta en tu dieta.

b. es que tienes unos gustos muy peculiares a la hora de vestir o directamente no tienes gusto. Eres amante de los tebeos, los videojuegos o simplemente te consideran o te consideras diferente.

c. es que te gusta moverte en los ambientes más modernos, haces lo posible por sortear los límites de lo convencional y tu afán es estar siempre a la última.

d. es que eres aventurero y amante de las emociones fuertes. Eres de los que no puede parar quieto y piensas que apasionarte por el deporte es algo más que acudir al estadio de fútbol con el bocata y la bufanda de tu equipo.

e. es que las 5 estrellas guían tus pasos y tu paladar ya sólo tolera alimentos selectos. No puedes vivir sin la sofisticación que aporta cenar en un restaurante de lujo, comprar en las mejores tiendas o dormir en las camas más exclusivas.

6

2. Lee la siguiente carta. Jesús es un fan de los artículos de una conocida revista. El pasado domingo se sintió muy defraudado porque salía publicada una entrevista al autor de esos artículos que él tanto aprecia. Tal fue su indignación por las palabras de su admirado escritor, que escribió una carta a la revista expresando su opinión.

> sin embargo – por lo tanto – por eso
> además – incluso – en primer lugar
> al contrario – por otro lado – aunque

Muy señor mío:

(1) *En primer lugar* quería decirle que soy un admirador y lector suyo, por lo que acometí con entusiasmo la lectura de su entrevista en la revista de la semana pasada.

(2)_____, he de reconocer que me defraudó, por la cantidad de tópicos que utilizó. (3)_____ de lo que yo pensaba, usted es una persona que se deja influenciar por lo que dicen los demás y, (4)_____, según mi opinión, carece de personalidad.

(5)_____, quería decirle que no me gustó nada el tono que utilizó para hablar de la sociedad actual y (6)_____ me decidí a enviarle esta queja.

(7)_____, me gustaría comentarle que no debería meter a todo el mundo en el mismo saco e (8)_____ me atrevería a decirle que cada persona es diferente.

Finalmente, debo confesarle que, (9)_____ su entrevista me ha defraudado seguiré leyendo sus artículos y juzgando sus opiniones.

Atentamente,
Jesús Méndez

3. Escucha la siguiente entrevista a un profesional acerca de los peligros que supone Internet para los niños y contesta las preguntas. **6**

1. ¿Quién hace las preguntas?
_____

2. ¿Cuáles son los mayores temores que deben tener los padres con respecto al uso que de Internet hacen sus hijos?
_____

3. ¿Por qué la policía no puede tomar medidas preventivas?
_____

4. ¿Existe ahora mismo, según el entrevistado, un acuerdo internacional de actuación contra delitos tecnológicos?
_____

5. ¿Quiénes pueden tomar medidas preventivas?
_____

6. ¿Qué consejos da el entrevistado a los padres para controlar el uso de Internet por parte de sus hijos?
_____

A. Ir al cine

1. Lee la biografía de Penélope Cruz y completa los huecos con las estructuras del cuadro. A veces hay más de una opción.

> en la que – a la que (x 2) – en el que – en las que
> por la que (x 2) – donde

Biografía

Penélope Cruz nació el 28 de abril de 1974 en Madrid. Es hija de Eduardo Cruz (comerciante) y Encarna Sánchez (peluquera), una familia humilde de San Sebastián de los Reyes, Madrid. Pronto se sintió atraída por el mundo del arte y de la interpretación, especialmente desde el momento (1) *en el que* vio la película *¡Átame!* en un cine de la plaza Mayor de Madrid. A partir de ese momento decidió ser actriz para poder llegar a cumplir un sueño: trabajar con Almodóvar. Estudió nueve años de ballet clásico en el Conservatorio Nacional de Madrid, cuatro años de mejora de la danza en diversos cursos en la Escuela Cristina Rota en Nueva York, y tres años de ballet español con Ángela Garrido.

Carrera cinematográfica

La primera aparición notoria de Penélope fue su participación en el videoclip *La fuerza del destino* del grupo Mecano.

Más adelante fue conductora de *La quinta marcha*, un programa de televisión orientado a adolescentes.

Las primeras películas (2)_____ actuó fueron *Jamón, Jamón* (Bigas Luna, 1992), (3)_____ salió potenciada con su imagen de *sex-symbol*, y *Belle Époque*, de Fernando Trueba, película que ganó el Oscar a la mejor película extranjera en 1993.

En 1997 protagonizó el papel de Sofía en *Abre los ojos*, película dirigida por Alejandro Amenábar, y (4)_____ actuaba junto a Eduardo Noriega.

Su sueño de juventud se cumplió en 1997, cuando trabajó junto a Javier Bardem en la película de Pedro Almodóvar *Carne trémula*, pero la película (5)_____ agradece su fama mundial es otra película de Almodóvar, *Todo sobre mi madre* (1999), película ganadora del Oscar a la mejor película extranjera.

En el 2000 dio el salto a Estados Unidos y actuó junto a Matt Damon en *All the pretty horses*, (6)_____ siguieron otras interpretaciones en películas americanas. En el año 2004 protagonizó la película italiana *No te muevas*, (7)_____ ganó

el premio David de Donatello a la mejor interpretación femenina y fue candidata al premio Goya a la mejor actriz.

La siguiente colaboración entre Pedro Almodóvar y la actriz fue en *Volver* (2006), película que protagonizó y (8)_____ ganó el premio a la mejor interpretación femenina en el Festival de Cannes de 2006 (compartido con el resto de actrices del filme). El 23 de enero de 2007, gracias a *Volver*, se convierte en la primera actriz española de la historia nominada a los premios Oscar 2006 a la mejor actriz.

También por este papel recibió en el mes de octubre de 2006 el premio a la mejor interpretación femenina en los Hollywood Awards, galardones otorgados anualmente por críticos de cine, productores y directores de festivales.

Finalmente, el 28 de enero de 2007, y también por su papel en *Volver*, recibe el Goya a la mejor interpretación femenina en el Palacio Municipal de Congresos del Campo de las Naciones de Madrid.

2. Vuelve a leer la biografía de Penélope Cruz y contesta las siguientes preguntas.

1. ¿Por qué decidió ser actriz?

_____

2. ¿Para qué decidió ser actriz?

_____

3. ¿Hasta cuándo tuvo que esperar Penélope para hacer realidad su sueño?

_____

4. ¿En qué película trabajó por primera vez con Almodóvar?

_____

5. Penélope trabajó en películas que recibieron algún Oscar o que, por lo menos, estuvieron nominadas a alguno. ¿Cuáles son esas películas?

_____

3. Relaciona las siguientes opiniones.

1. Creo que…	a
2. No pensaba que…	☐
3. Mis padres no imaginaron cuando me llevaron al cine que…	☐
4. ¿No te parece que…	☐
5. A tus padres les pareció que…	☐
6. No creas que…	☐
7. No me parece una buena idea que…	☐
8. El locutor supuso que…	☐

a. …el cine español está pasando por un buen momento.

b. …la película no era demasiado buena.

c. …todos nosotros habíamos visto la película.

d. …la película me gustó mucho.

e. …el actor no desempeña bien su papel?

f. …pudiéramos pasar con el perro.

g. …tu hermano vaya solo al cine.

h. …la película me fuera a gustar tanto.

4. Busca en la sopa de letras ocho palabras relacionadas con el cine.

D	I	R	E	C	T	O	R	W	R	A
G	D	U	S	I	J	L	A	L	O	J
U	E	S	T	S	A	O	M	B	D	C
I	L	A	R	Y	U	K	J	L	A	O
O	Ñ	R	E	D	A	S	E	A	J	Y
N	L	U	N	E	F	G	H	G	E	A
S	P	R	O	D	U	C	C	I	O	N
D	L	I	A	U	A	B	C	G	T	U
A	K	J	S	R	E	S	I	Y	O	H
C	A	R	G	U	M	E	N	T	O	O
T	O	E	U	C	A	S	F	V	R	A
O	L	L	I	B	U	S	V	A	A	S
R	J	Z	N	O	M	R	D	I	F	R
B	F	V	L	N	Q	U	E	M	I	P
I	T	C	Ñ	M	U	S	I	C	A	S

5. Lee la sinopsis de la película *El laberinto del fauno*. En el texto no aparece ninguna preposición. Intenta colocar la preposición en cada hueco correspondiente.

en (x 5) – con (x 2) – de (x 4) – por – a (x 4)

El laberinto del fauno

Año 1944. La Guerra Civil española acabó (1) *en* 1939 (2) _con_ la victoria (3) _de_ las fuerzas golpistas comandadas (4) _por_ el general Francisco Franco. Es (5) _en_ este momento cuando la joven (6) _de_ trece años Ofelia (Ivana Baquero) tiene que acompañar (7) _a_ un pequeño pueblo (8) _a_ su madre, Carmen (Ariadna Gil), casada (9) _en_ segundas nupcias (10) _con_ un capitán (11) _de_ el ejército franquista, Vidal (Sergi López), empeñado (12) _en_ destruir (13) _a_ los maquis. Pero no todo será una mala experiencia, puesto que Ofelia descubre (14) _en_ las ruinas (15) _de_ un laberinto (16) _a_ un fauno (Doug Jones).

descubir a alguien

7

6. Relaciona las siguientes opiniones con sus correspondientes reacciones.

1. No creo que Eduardo Noriega haya hecho buenas películas. **b**
2. Me parece que es un buen actor. ☐
3. ¿No crees que Maribel Verdú es muy guapa? ☐
4. No me imagino que Antonio Banderas sea una mala persona. ☐
5. Carlos opina que todo el mundo que hace una película es un buen actor. ☐

---

a. Yo tampoco.
b. Pues yo sí.
c. Pues yo no.
d. Pues a mí no.
e. Sí, yo sí.

B. ¿Bailas?

1. Escucha los siguientes eventos que tendrán lugar próximamente y selecciona si las siguientes afirmaciones son verdaderas *V* o falsas *F*. **7** 💿

1. Carmen Cortés está a punto de concluir su gira flamenca. *routine* **F**
2. De Carmen destaca su capacidad para moverse tanto en un estilo tradicional como innovador. **V** ✓
3. Una característica de Carmen es que no es nada arriesgada. **F** ✓
4. La exposición de Chillida recogerá sus obras más recientes. *primeras* **F** ✓
5. La exposición tendrá lugar en un recinto cerrado. *jardín* **F** ✓
6. El espectáculo que presentarán Les Luthiers es el más novedoso de los últimos 30 años. **V** ×F ✓
7. Por fin, después de 30 largos años, Les Luthiers consiguen ese éxito tan soñado. **F** *eras?*
8. En Teatralia 2007 no tendrán cabida este año las marionetas. ☐?
9. El género estrella de Teatralia 2007 será el teatro de sombras. *Creación mundial special?* **V** ✓
10. El 2007 es especial para Teatralia porque supone su décima edición. **F** ✓

6/9

2. Vuelve a escuchar los eventos y relaciona las siguientes definiciones con palabras o frases hechas que aparecen en la audición.

1. Creador de un espectáculo de danza o baile. *coreógrafo*
2. Agilidad, prontitud, gracia y facilidad en lo material o en lo inmaterial. _____
3. Representar o escenificar una obra en un teatro. _____
4. Persona que posee una virtud para alguna de las bellas artes. _____
5. Casa típica del País Vasco y Navarra. _____
6. Celebrar el estreno de una exposición. _____
7. Confirmar o ratificar. _____

3. Lee y reconstruye el texto con las palabras del recuadro. Sobran cuatro.

| llamado – rodaje – destacables |
| medios – ya – primero – actores – dicha |
| historia – entonces – película – dan |
| pescadores – búsqueda – tienen – plató |
| plástica – sobre – directores – nombrar |
| para – exigía – llegada – aportaciones |

HISTORIA DEL CINE

El neorrealismo

Al terminar la guerra, en una Italia destrozada, aparece el *llamado* (1) cine "neorrealista", un cine que presentaba al mundo la realidad de la posguerra, realizado con escasez de _____(2) pero con una carga de humanismo, preocupado por los problemas del individuo de la calle. Fue uno de los movimientos más importantes de la _____(3) de las teorías y corrientes cinematográficas, tanto por la riqueza y valor de sus contenidos, directores, actores y _____(4) a la cultura como por las repercusiones que posteriormente tuvo en todo el cine mundial. Este tipo de cine creó escuela por todo Occidente, extendiéndose _____(5) por Europa; y luego por el resto del mundo.

El neorrealismo es la sencillez artística desde el acercamiento a lo social, lo histórico y lo poético, la _____(6) de las cosas "tal como son" y la narración de los problemas de la Italia de la posguerra.

La tarea del cine no era _____(7) la de limitarse a entretener en el sentido que se daba habitualmente a la palabra, sino la de enfrentar al público con su propia realidad, analizar _____(8) realidad y unir al público enfrentándole a ella. Esta voluntad de abandonar la intriga dramática a favor de la crónica de la realidad _____(9) un cambio en el plano estilístico: escenarios y actores naturales (muchas veces se elegían intérpretes que no eran profesionales), _____(10) en exteriores o interiores reales, ausencia de maquillajes, diálogos sencillos, sobriedad técnica, rechazo de decorados y toda clase de ornamentación.

Directores y películas _____(11) dentro de este movimiento son *Roma, ciudad abierta* (1945), de Rosellini, un alegato humanista en que la justicia y los derechos humanos _____(12) la mejor tribuna como medio para lograr la paz y el entendimiento entre los hombres. *La tierra tiembla* (1948), de Visconti, con _____(13) auténticos y sin una sola toma de estudio, el director logró crear un drama social en imágenes de cuidadísima belleza _____(14) y complejidad técnica. La originalidad de Visconti reside en la integración perfecta entre lo real y lo estético. Por último, hay que _____(15) a Vittorio de Sica con filmes como *El limpiabotas* (acerca del desamparo de los niños romanos) o *Ladrón de bicicletas*, _____(16) la situación de los obreros en paro.

El realismo en España

Influenciados por el movimiento realista italiano tenemos en España a García Berlanga y Juan Antonio Bardem, los _____(17) con mayor repercusión internacional a partir de 1950. Como sus colegas italianos, intentan acortar la separación entre el cine y la realidad y _____(18) ello utilizan "planos secuencia" muy largos y ruedan en escenarios naturales. Como ingrediente específico, utilizan el humor, a veces "humor negro".

Alcanzó mucho éxito la _____(19) de Berlanga *Bienvenido Mr. Marshall* (1952), en la que un pueblo español se prepara intensamente para la _____(20) de los "americanos" (del plan Marshall) y cuando estos llegan, pasan de largo.

(Aprender con el cine, aprender de película, Enrique Martínez- Salanova)

7

C. No imaginaba que fuera tan difícil

1. Escribe las siguientes frases en forma negativa. Fíjate bien porque es posible que tengas que cambiar más cosas que el verbo. Si hay varias posibilidades, escríbelas todas.

1. Creo que hay que respetar a los vecinos y guardar silencio por las noches.
   Pues yo no creo que *haya que respetar a los vecinos.*

2. Tu hermano pequeño opina que nadie de tu familia está obrando bien.
   En cambio, tu hermano mayor no opina que
   _____.

3. Vosotros suponíais que iríamos por el camino más corto.
   Nosotros, por el contrario, no suponíamos que
   _____.

4. Recuerdo que una vez te pregunté por tus primos.
   No recuerdo que _____.

5. Tú te imaginabas que aquello iba a ocurrir.
   Sin embargo, él no se imaginaba que
   _____

6. A ella le ha parecido que no tenías razón.
   Pero a nosotros no nos ha parecido que
   _____

7. Me di cuenta de que te había sonado el móvil.
   Pues yo no me di cuenta de que
   _____

8. Veo que has vuelto a suspender el examen.
   No veo que _____.

9. Supo que habías entrado en su casa con mis llaves.
   Nunca supo que _____.

10. Se imaginó que la habías llamado por teléfono.
    No se imaginó que _____.

2. Completa el texto con la forma correcta del verbo entre paréntesis.

Guerra total en el cine español

El proyecto de ley enfrenta a las cadenas de televisión con los productores y con el Ministerio de Cultura

SUENAN YA LOS TAMBORES DE GUERRA. Las televisiones privadas se han levantado contra la nueva Ley del Cine elaborada por el Ministerio de Cultura, al que acusan de proteger a los productores "mal llamados independientes" y no al sector del cine español en su conjunto. Las cadenas de TV acusan a Cultura de "exceso de continuismo y de falta de valor".

"No creemos que la solución del cine español (1)*pase* (pasar) por seguir protegiendo al productor independiente", asegura el comunicado hecho público ayer por las cadenas de televisión. Los productores opinan que la actitud de los operadores televisivos (2)_____ (suponer) "un desprecio a la libertad de creación" y no les parece que esa lectura de "producir cine sólo bajo su paraguas" (3)_____ (conllevar) a la mejora del cine español.

Sé que las televisiones privadas (4)_____ (sentirse) absolutamente maltratadas por el documento.

Según el borrador legal, las televisiones se verán obligadas a incrementar del 5% al 6% de sus ingresos su inversión anual en la industria cinematográfica europea.

"No nos parece que la imposición española del 5% (5)_____ (ser) natural, pues hoy día no tiene sentido que un sector empresarial (6)_____ (verse) obligado a financiar otro", denuncian las televisiones. Opinan que "no sólo (7)____ (ser) anticompetitiva, (8)_____ (ser) además antieuropeísta, pues de ese 5% el 60% debe destinarse al cine español".

Las televisiones imaginan que, además, esta ley (9)_____ (recrudecer) un enfrentamiento que parecía amainado y (10)_____ (empeorar) la situación actual.

(Adaptado de www.elpais.com, 12-01-07)

3. Dos amigos han leído el artículo anterior y hablan sobre él. Elige la opción correcta. En algunos casos valen las dos.

A. Recuerdo que *leí / leyera* en algún lugar que el proyecto de la ministra de Cultura no cuenta con el visto bueno del gobierno.

B. No me extraña. No creo que el gobierno *quiere / quiera* que no *hay / haya* entendimiento entre todos los agentes implicados para sacar adelante la nueva Ley del Cine.

A. ¿Te das cuenta de que las televisiones *harán / hagan* cuantas acciones sean necesarias para defender sus intereses y evitar su nueva obligación?

B. Sí, no veo que *existe / exista* una solución próxima.

A. Nunca pensé que esto *sucedería / sucediera*.

B. ¿Es que cuando hicieron la ley no vieron que *tenía / tuviera* tantas repercusiones?

A. No sé. ¿Sabes? Creo que los productores *reaccionaron / reaccionaran* con otro comunicado.

B. Sí, me imagino que *solicitan / soliciten* la inclusión de medidas de desgravación fiscal como condición indispensable para respaldar la nueva ley.

A. ¡Qué complicado! Sigo sin ver que *hay / haya* una solución a corto plazo.

4. Completa las frases siguientes con el verbo más adecuado. Escribe todas las posibilidades que creas posibles.

1. ¿Os habéis dado cuenta de que ya *ha finalizado* (finalizar) el plazo para solicitar la beca?

2. Supongo que _____ (vosotros, estar) un poco tristes por la noticia, ¿no?

3. No me parece bien que _____ (nosotros, tener) que llevarle un regalo si no nos apetece.

4. No creáis que todo lo que _____ (ellos, contar) es verdad.

5. No creen que _____ (vosotros, merendar) un bocadillo de jamón todos los días.

6. No sabía que _____ (tú, ir) a venir a visitarme tan pronto.

7. No me parece una buena idea que _____ (tú, traducir) todo el libro sin ayuda de ningún tipo.

8. Nunca comprendí que _____ (desperdiciar, tú) de aquel modo tu vida.

9. Me imagino que _____ (haber) alguna solución.

10. No creas que _____ (importar) lo que diga la gente. Si lo haces te equivocas.

11. No creíamos que _____ (vosotros, tener) tanta sangre fría.

12. Tus profesores no veían con buenos ojos que _____ (tú, llevar) la calculadora a clase.

13. Nunca imaginé que tu madrastra _____ (ser) una persona tan influyente.

14. No sabía que _____ (ellos, saber) conducir.

15. No sabía cuándo _____ (yo, volver) a verte.

16. Inés se imaginó que ya _____ (nosotros, salir) de casa y dejó de llamar a la puerta.

17. ¿No crees que tus primos _____ (vestirse) como si vivieran en otra época?

18. No creo que _____ (poner) la misma película en la televisión que en el cine.

19. Supe que ya _____ (tú, ver) mi foto porque noté que no estaba colocada como yo la había dejado.

20. Jamás comprenderé que _____ (tú, enfadarse) por esas tonterías.

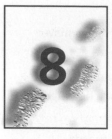

A. Viajar

1. Mónica ha comprado un billete de autobús para ir desde Castellón a Madrid. Esto es lo que ponía en su billete por detrás. Completa los huecos del texto con las siguientes preposiciones.

> por – entre – sin – hasta – a

CONDICIONES GENERALES

Equipaje: El viajero tiene derecho a transportar gratuitamente (1) *hasta* un máximo de 30 kilos de equipaje. El equipaje no va asegurado, su pérdida o deterioro, (2) _Sin_ previa declaración de valor, determinará la obligación de abonar hasta un límite máximo de 12,02 € por kg de peso facturado.

Anulaciones: En la petición de anulación del billete no se devolverá el 10% del importe del mismo cuando se solicite antes de las 48 horas de la salida. Si la anulación se pide (3) _entre_ las 48 y 2 horas anteriores a la salida, no se devolverá el 20%. No se procederá a la anulación, ni por consiguiente a la devolución de su importe, dentro de las dos horas inmediatamente anteriores a la salida del autocar. La no presentación (4) _a_ la salida significará la pérdida total del importe.

Responsabilidad: Existen hojas de reclamaciones en nuestras administraciones. (5) _Por_ motivo de averías en ruta u otras eventualidades el viajero solamente tendrá derecho a la continuidad del viaje en otro vehículo.

2. A Mónica le han surgido una serie de problemas y también de dudas. Ayúdala marcando cuál de las tres opciones es la respuesta correcta.

1. Ha pesado su maleta antes de salir de casa y la báscula ha marcado 30 kg.
   a. Tiene que pagar un plus. ☐
   b. Está dentro del límite. No tendrá que pagar. ☑
   c. No puede llevar un equipaje tan pesado. ☐

2. Mónica tiene previsto su viaje para el lunes 5. El viernes anterior decide posponer el viaje.
   a. Le devuelven todo el dinero porque lo ha hecho tres días antes de su viaje. ☐
   b. Le devuelven el dinero pero debe pagar una pequeña penalización. ☑
   c. No tiene derecho a la devolución del dinero. ☐

3. Durante el viaje se pincha una rueda y el autobús no puede continuar su ruta.
   a. Le devuelven el dinero del billete íntegro. ☐
   b. La compañía le proporciona un taxi hasta su destino pero debe pagar una parte del recorrido. ☐
   c. La compañía le proporciona un taxi hasta su destino y no tiene que pagar nada. ☑

4. El día de la salida se queda dormida y no llega a tiempo a la estación.
   a. No pasa nada, le proporcionan un billete para el siguiente autobús y no debe pagar nada. ☐
   b. Debe comprar otro billete y no recibe nada de dinero del billete anterior. ☑
   c. Puede rellenar una hoja de reclamación y recuperar el 10% del importe. ☐

8

3. Completa las siguientes frases con presente, pretérito perfecto o pretérito imperfecto de subjuntivo. Si existe más de una posibilidad escríbelas todas.

1. Me lo creeré cuando lo *vea / haya visto* (yo, ver).
2. Quédate aquí hasta que todos _____ (marcharse) a casa.
3. Yo pondré al corriente de todo a Pedro en cuanto _____ (llegar) de su viaje.
4. Encima de su mesa tenía una foto hecha poco antes de que su madre _____ (enfermar).
5. La mayoría de los periodistas se marcharán en cuanto les _____ (tú, decir) algunas palabras con las que rellenar su artículo.
6. No creo que tu hermana _____ (estudiar) mucho para el examen de la semana pasada.
7. Me pareció fatal que no me _____ (vosotros, llamar) por teléfono.
8. Te pediría que le _____ (comprar) un regalo pero creo que no va a ser una buena idea.
9. Cuando _____ (ellos, terminar) de trabajar, avísame.
10. Recuerdo que odiaba que me _____ (vosotros, llevar) al dentista.

4. ¿Para qué utilizarías los siguientes medios de transporte? Completa las frases.

1. Un parapente.
   Lo utilizaría para
   _____
   _____

2. Un carro.
   Lo utilizaría para_____

5. Un globo.
   Lo utilizaría para
   _____

3. Un trineo.
   Lo utilizaría para
   _____

4. Un teleférico.
   Lo utilizaría para
   _____
   _____

6. Una galera.
   La utilizaría para
   _____
   _____
   _____

7. Un hidroavión.
   Lo utilizaría para _____
   _____

8. Un tándem.
   Lo utilizaría para _____
   _____

8

5. En este crucigrama encontrarás palabras relacionadas con medios de transporte.

VERTICAL: **1.** Embarcación de remo muy utilizada por los indios. **2.** Vehículo que circula sobre raíles por el medio de las ciudades. **3.** Es un medio de transporte y esta palabra es muy similar en todos los idiomas.
HORIZONTAL: **1.** Muy similar al autobús. **2.** Embarcación que normalmente no tiene motor y que funciona gracias al viento. **3.** Embarcación de pequeño tamaño con motor fuera borda.

B. Viajar para sentirse vivo

1. En la radio están describiendo el itinerario del viaje a las Islas Galápagos que tú acabas de contratar en una agencia de viajes. El problema es que detectas una serie de divergencias entre el anuncio que escuchas por la radio y tu folleto. ¿Cuáles son esas diferencias? **8**

VIAJE A LAS ISLAS GALÁPAGOS

PROGRAMA SEMANAL
Lunes. Llegada al aeropuerto de la Isla de Baltra. Por la tarde, visita a la Isla Seymour Sur donde verás colonias de aves marinas: fragatas, gaviotas de cola bifurcada y pinzones.
Martes. Desembarco en Isla Salomé, con caminata hasta la cumbre para ver el paisaje volcánico, un auténtico escenario lunar.
Miércoles. Por la mañana visita a la Isla Genovesa, donde verás camaleones, y por la tarde subida a la escalinata del Príncipe Felipe para ver dónde anidan las golondrinas de mar.
Jueves. En Puerto Ayora, en la Isla Santa Cruz, se visita la Estación Científica Darwin, que nació en 1969, coincidiendo con el tercer centenario de la publicación del libro de Darwin. También verás tortugas gigantes.
Viernes. Visita a Isla Isabela con paseo junto a iguanas por los acantilados de Punta Vicente Roca, y por el canal de Bolívar para divisar mantas y cocodrilos. Por la tarde, Isla Fernandina, con colonias de pingüinos y cormoranes voladores.
Sábado. También en Isla Isabela, crucero por bahía Urbina para ver ballenas.
Domingo. En Isla Española, caminata por bahía Gardner para ver los albatros de Punta Suárez.

DIFERENCIAS:

	Itinerario de la radio	Itinerario del folleto
1	*Visita a Seymour N*	*Visita a Seymour S*
2		
3		
4		
5		
6		

8

2. Completa con *ser* o *estar*.

1. A. Tus padres *están* muy enfadados con Mario.

   B. ¡No me extraña! _____ un fresco.

2. A. ¿Sabes?, Leo me ha vuelto a llamar para pedirme los apuntes…

   B. ¡Qué cara tiene! Sólo te llama cuando necesita algo, _____ un interesado.

3. A. _____ mejor que entremos en casa.

   B. Sí, entremos, empieza a hacer fresco.

4. A. ¿De dónde _____ tu profesora?

   B. No lo sé, pero _____ en muchos países.

5. ¡_____ imposible razonar contigo!

6. A. No para de hablar y de contar su viaje a África.

   B. Sí, _____ imposible. ¡Como siga así no sé qué vamos a hacer!

7. A. ¿Has hablado alguna vez con Carmela?

   B. Sí, me encanta hablar con ella. _____ muy abierta.

8. A. Tu hermana ha tenido un bebé precioso.

   B. Sí, _____ un bebé muy despierto.

9. A. Tu amiga no es capaz de hablar con Fernando por las noches.

   B. Lo sé, _____ muy parada.

10. A. ¿Dónde _____ María?

    B. Viendo las noticias. _____ muy atenta.

11. Juan, saca el vino de la nevera, yo creo que ya _____ fresco

3. Elige la opción correcta.

1. Pero, ¿cómo *fuisteis / estuvisteis* capaces de iros con dos tíos tan horribles?

2. La apertura del recinto deportivo *será / estará* a partir de las 8 de la tarde.

3. No *estaría / sería* justo no invitarlo a tu fiesta de cumpleaños.

4. En general, cuanto más innovador *esté / sea* el producto, mayores serán las alternativas de precio.

5. Esperamos que *hayáis sido / hayáis estado* unos buenos chicos.

6. Carmen *estuvo / fue* muy aburrida en la fiesta. ¡Se lo pasó fatal!

7. Pensé que no ibais a terminar nunca. ¡Por fin *estáis / sois* listos!

8. ¿En qué edificio *es / está* la reunión de directivos?

9. El agua pasa igual aunque la manguera *sea / esté* enrollada.

10. Cuando *esté / sea* terminada la autovía, llegaremos a casa en dos horas.

11. A. ¿Has visto el último cuadro de Rodrigo?
    B. Sí, *es / está* horrible.

4. Transforma las frases como en el ejemplo.

1. Tu hermana ha vuelto a suspender el carné de conducir.
   Me fastidia que tu hermana haya vuelto a suspender el carné de conducir.

2. La gente ya no fuma en el metro.
   Les encanta que _____

3. Tu abuelo habla solo.
   Le pone nerviosa que _____

4. Los días pasan demasiado rápido.
   Me da rabia que _____

5. A mi prima le encanta conducir de noche.
   A sus padres les da miedo que _____

6. María hizo una entrada triunfal.
   Me da igual que _____

7. David sacó buenas notas.
   Me puso de buen humor que _____

8. La luz cegó al conductor.
   Me fastidió que _____

9. No se resistió y fue a hablar con ella.
   Me molestó que _____

10. Tus amigos hablaron en público.
    Me encantó que _____

8

1. Completa con el verbo en su forma adecuada.

1. En caso de que *vengáis* (vosotros, venir), tendréis que traer vuestra propia comida.

2. Tendrás que repetir curso a no ser que apruebes (tú, aprobar) los exámenes finales.

3. Mis padres se negaron a ir en vuestro coche siempre y cuando condujera (conducir) Luis.

4. Lo haremos con tal de que pongáis (vosotros, poner) los pantalones que os regalamos.

5. Si tuvieras (tú, tener) que obedecerme, ¿lo harías?

6. Te lo explicaría siempre y cuando le dijeras (decir) la verdad.

7. Todo lo que nos contó encajaba a la perfección, excepto que estuviera (él, estar) viviendo en África.

8. Le dijo que lo haría con tal de que (nosotros, poner) pusiéramos su nombre en el trabajo.

9. Nos dejarán pilotar la avioneta siempre y cuando hagamos (hacer) un cursillo.

10. He perdido mis llaves, a no ser que las hayas (coger) tú. cogido

Almost always Sub

2. Completa las frases siguientes con uno de los conectores del recuadro

> en caso de que – a no ser que (x 2)
> siempre y cuando – como

1. Podrá seguir trabajando *siempre y cuando* tenga ánimo suficiente para volver al trabajo y enfrentarse con sus compañeros.

2. Te despedirán de la empresa a no ser que o como cuentes toda la verdad y recapaciten.

3. Existen hojas de reclamaciones que se pueden solicitar en caso de que surja cualquier incidente.

4. Parece que el incendio no fue provocado, a no ser que todo fuera un montaje.

5. El candidato afirmó que en caso de como no obtuviera la presidencia, todos los que estábamos allí nos quedaríamos sin trabajo. a no se
en caso de que

3. Lee el siguiente texto y completa los huecos con las 8 palabras del recuadro.

> pulsaciones – aptitudes – ambas
> plazas – entre sí – título
> vacante – asimismo

EMPLEO PÚBLICO
Cómo prepararse para auxiliar administrativo

El próximo 8 de octubre, la Comunidad de Madrid convoca 25 (1) *plazas* para auxiliar administrativo.

Este procedimiento selectivo consiste en dos fases eliminatorias (2)_____. La primera, teórica, se basa en un examen tipo test sobre el temario específico para la (3)_____. El programa íntegro se incluye siempre en la convocatoria ofrecida por el organismo público. (4)_____, el opositor deberá superar en esta primera fase un examen psicotécnico, basado en preguntas que valoren sus (5)_____ administrativas, numéricas o verbales.

Una vez aprobadas (6)_____, el opositor realiza otra prueba de carácter práctico.

El evaluado deberá transcribir a ordenador un escrito (suministrado por los evaluadores) durante 10 minutos con un mínimo de 280 (7)_____ por minuto.

Los requisitos exigidos para poder presentarse a este tipo de oposición son:

- ser español o nacional de alguno de los estados miembros de la Unión Europea.
- tener cumplidos los 18 años de edad.
- poseer el (8)_____ de Graduado en Educación Secundaria o equivalente.
- no padecer enfermedad ni estar afectado por limitación física o psíquica.
- no haber sido separado, mediante procedimiento disciplinario de alguna Administración Pública.

(Metro)

4. Relaciona las dos columnas para formar frases. Es muy importante que tengas en cuenta la información del texto.

1. El próximo 8 de octubre se celebrará en la Comunidad de Madrid un concurso de oposición para auxiliar administrativo… **g**

2. Todo el mundo optará al temario íntegro… ☐

3. El opositor realizará la prueba de carácter práctico… ☐

4. Cualquier persona podrá presentarse a este concurso… ☐

5. Si no eres español no puedes presentarte a la oposición… ☐

6. No podrás apuntarte a la convocatoria de personal administrativo… ☐

7. En caso de que padecieras alguna enfermedad… ☐

---

a. … a no ser que no se haya incluido en la convocatoria publicada por el organismo público correspondiente.

b. … en caso de que no hayas finalizado tus estudios primarios.

c. … con tal de que reúna una serie de requisitos.

d. … en caso de que pase el test y el psicotécnico.

e. … no podrías optar a ese puesto de trabajo.

f. … a no ser que sea de algún país de la Unión Europea.

g. … siempre y cuando no suceda nada que lo impida.

5. En este crucigrama encontrarás palabras relacionadas con los servicios públicos.

• Para optar a un puesto de trabajo de empleo público debes pasar unos exámenes que reciben el nombre de (1)_____.

• Cuando apruebas estos exámenes y comienzas a trabajar te conviertes en un (2)_____.

• Si decides presentarte a estos exámenes tienes que rellenar una serie de (3)_____ y, en ocasiones, tienes que pagar unas (4)_____.

• Normalmente todos estos trámites se realizan en la (5)_____ y debes entregar y resolver todo el papeleo en un mostrador con varias (6)_____.

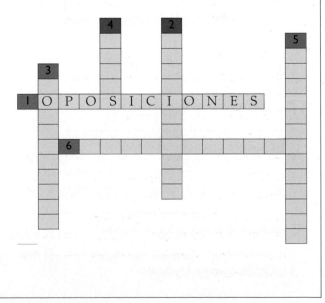

9

10

A. Si conduces, no bebas

1. Pon esta historia en el orden correcto.

a. los dos hombres fueron declarados culpables ☐

b. y les acusaron de robo ☐

c. El año pasado unos delincuentes robaron
10.000 € de un banco en la Gran Vía ☐

d. Después de que el jurado hubiera escuchado **1**
todas las declaraciones ☐

e. Fueron condenados a siete años de cárcel ☐

f. El juicio se celebró dos meses después ☐

g. y finalmente arrestaron a dos hombres ☐

h. Los interrogaron en la comisaría ☐

i. La policía interrogó a varias personas sobre
el robo ☐

2. Contesta las preguntas utilizando las palabras
del recuadro.

> condenados – abogado – policía
> juez – delincuente – jurado

1. ¿Quién investiga los crímenes?
   La policía.

2. ¿Quién dicta sentencia?
   _____

3. ¿Quiénes viven en las cárceles?
   _____

4. ¿Quién decide si alguien es inocente o culpable?
   _____

5. ¿Quién defiende a los acusados?
   _____

6. ¿Quién comete los delitos?
   _____

3. Completa los huecos con las palabras
del recuadro.

> bigamia – condena – revocada
> he vulnerado (x 2) – multa – detenido
> he cometido (x 2) – secuestrado – cumplir
> sobornar – acusado – delito – absuelto

1. Yo creo que nunca *he vulnerado* la ley ni, por
   supuesto, _____ un crimen.

2. En España se considera un _____ conducir
   un coche sin seguro.

3. Pablo, ten cuidado, si circulas a más de 120 te van a
   poner una _____.

4. La mafia intentó _____ al juez para que
   absolviera a su protegido.

5. Sus dos mujeres fueron llamadas a declarar antes
   de que su supuesto marido fuera _____ de
   _____.

6. El presunto asesino fue _____ ante la falta
   de pruebas.

7. Ricardo González por su buen comportamiento no
   tuvo que _____ toda su _____.

8. Al presentar nuevas pruebas y repetirse el juicio, la
   sentencia fue _____.

9. Al final lo metieron en la cárcel porque ese ladrón
   ya había sido _____ tres veces en el mismo
   mes.

10. Los terroristas retuvieron _____ al dueño
    de la furgoneta durante tres días para que no
    denunciara el robo.

4. Completa el siguiente cuadro.

CRIMEN	CRIMINAL	VERBO
Robo	*Ladrón*	*Robar*
Asesinato		
Evasión		
Asalto		
Secuestro		
Tráfico		

5. Subraya el verbo adecuado.

1. Siempre que voy de viaje me *llevo / lleve* mi ordenador.
2. Mientras *haga / hace* frío encenderé la chimenea.
3. Iré contigo al teatro siempre que tú *sacas / saques* las entradas.
4. Mientras no *llueva / llueve* no podré cambiar el agua de la piscina.
5. Celebraremos la fiesta en tu casa siempre que tu *estás / estés* de acuerdo.
6. Friega los cacharros mientras yo *pongo / ponga* la lavadora.
7. Siempre que *quieras / quieres* ir a la montaña, llámame, yo iré contigo.
8. Mientras que no *sabemos / sepamos* las fechas de las vacaciones no podremos organizar el viaje.
9. Llegaremos a tiempo siempre que te *das / des* prisa.
10. Mientras *tenemos / tengamos* buen tiempo comeremos en el jardín.

6. Escribe el verbo en la forma adecuada.

1. Siempre que te *duela* (doler) la cabeza, tómate una aspirina.
2. Mientras _____(hacer) buen tiempo daremos largos paseos por el monte.
3. Siempre que yo la _____(saludar), ella no me contestaba.
4. Mientras tuve dolores de espalda, no _____(poder) ir a trabajar.
5. Siempre que la llamaba, _____(venir) a visitarme.
6. Te lo enviaré por correo, siempre que te _____(parecer) bien.

7. Mientras hablaba con el móvil, se _____(caer) por las escaleras.
8. No me importa hacer las camas, siempre que tú _____(sacar) el perro a pasear.
9. Mientras nosotras _____(ir) de compras, Juan preparó la cena.
10. Los niños _____(hacer) sus deberes mientras yo fui al médico.

B. Me han robado la cartera

1. Elige la opción correcta.

1. No conozco a nadie que *ha aprendido / haya aprendido* a leer antes de los tres años.
2. Ayer leí el artículo que *escribió / escribiera* Javier Marías en *El País*.
3. ¿Conoces a alguien que *ha estado / haya estado* en la India?
4. La profesora me dijo que el examen *era / fuera* mañana.
5. No tengo ni idea del tipo de música que le *gusto / gusta*. ?
6. Dime qué comida *prefieres / prefieras*.
7. He vuelto a ver a la vecina que *viva / vive* en el tercero.
8. Este es el amigo que te *presenté / presentara* la semana pasada.
9. ¿Sabes de alguien que *pueda / puede* dejarme una escalera?
10. La habitación que *esté / está* al fondo es la vuestra.

2. Pon el verbo en la forma correcta.

1. El médico que me *atendió* (atender) era muy amable.
2. Aunque te resulte increíble, aún hay jefes que _escriben_ (escribir) cartas, y secretarias que _toman_ (tomar) nota.
3. En los primeros tiempos de su noviazgo no había día en que no _____ (recibir) una carta de amor.
4. Mis padres eran de esos que _se preocupaban_ (preocuparse) mucho por la educación de sus hijos.

5. Déjame ver la carta que te _enviaron_ (enviar) tus amigos.

6. No creo que en la sala hubiera nadie que _supiera_ (saber) quién era Alberto López.

7. Tuvimos la suerte de poder entrevistar a la señora a la que le _tocó_ (tocar) la lotería.

8. Julieta fue al festival de cine de Málaga, pero no vio ninguna película que le _gustara_ (gustar).

9. A. ¿Conoces a alguien que _pueda_ (poder) venir a pintarme la casa?

   B. Sí, conozco a un chico que _pinta_ (pintar) muy bien y no _es_ (ser) caro. Se llama Vicente.

10. El premio quedó desierto porque no encontraron ningún cuadro que lo _mereciera_ (merecer).

11. Por favor, Pedro, ponme un kilo de peras que no _estén_ (estar) muy maduras, es que son para llevármelas de excursión.

12. Los que no _sabían_ (saber) hacer paella se retiraron en seguida del concurso.

3. Completa las frases con la forma correcta de los verbos del recuadro.

> hablar francés – cantar ópera
> saber cocinar – leer mucho – oír la radio
> ver mucho la televisión – saber escuchar
> ser vegetariano – andar por la montaña
> ir al teatro – no tener hijos
> trabajar con niños

1. Me gusta la gente que _____

2. No me gusta la gente que _____

3. Me encantaría conocer a alguien que _____
   _____

4. ¿Sabes de alguien que _____?

5. Me gustaría viajar con gente que _____
   _____

6. En la reunión no conocí a nadie que _____
   _____

7. Antes no me gustaba la gente que _____
   _____

4. Completa las frases con *el / la / los / las / lo que*.

1. Sara es *la que* ha cargado con toda la responsabilidad.

2. El equipo de mis amigos es _____ ganó el campeonato.

3. Ese chico es _____ descubrió al ladrón.

4. Ángel y Rosa son _____ me hablaron de tu problema.

5. Fueron mis padres _____ se lo compraron.

6. La maleta de Pedro es _____ se ha perdido.

7. Esto no es _____ te mandó el médico

8. Es mi tío Juan _____ vive en Brasil.

9. Su novia es _____ no quiso venir a la fiesta.

10. En esta película es el protagonista _____ muere.

11. Nadie sabe _____ le costó el bolso a Pilar

5. Completa el siguiente texto con los verbos en su tiempo adecuado.

Con la nueva normativa del carné por puntos se penalizará con pérdida de puntos a aquellos conductores que (1) *adelanten* (adelantar) en zonas prohibidas, que (2) _conduzcan_ (conducir) ebrios, que no (3) _lleven_ (llevar) puesto el cinturón de seguridad. Así mismo será penalizado el conductor que (4) _circule_ (circular) sin poseer el permiso de circulación, así como quien no (5) _tenga_ (tener) el vehículo asegurado. Por supuesto, todos aquellos conductores que (6) _vayan_ (ir) a una velocidad superior al doble de la permitida podrán ser sancionados hasta con la pérdida del carnet. Estas son las sanciones más frecuentes, pero si además usted (7) _habla_ (hablar) por su móvil mientras conduce o no (8) _lleva_ (llevar) encendidas las luces en días de lluvia o niebla será así mismo sancionado.

En esta misma normativa se premia con puntos adicionales a los conductores que después de un año no (9) _sean_ (ser) sancionados. Esperamos que no sea usted uno de los primeros que (10) _sufra_ (sufrir) pérdida de puntos y que consiga después de un año los beneficios de la prudencia.

c. se me ha estropeado el coche

1. Completa el texto con las palabras del recuadro.

> cinturón de seguridad – limpiaparabrisas
> volante – faros – neumáticos – rueda
> intermitentes – espejos retrovisores
> depósito de gasolina – carrocería – frenos

Antes de iniciar un viaje

En la época de vacaciones se multiplican los viajes largos en coche. Toma nota de nuestros consejos para llegar en forma a tu destino.

☁ Antes de arrancar comprueba que los (1) *espejos retrovisores* están colocados correctamente: en los laterales no debes ver parte de la (2)_____ , ya que un ángulo cerrado nos impedirá controlar algunos vehículos que nos adelanten por la izquierda.

☁ Si llevas pasajeros, recuerda que también deben ponerse el (3)_____ , que es obligatorio incluso para las plazas traseras.

☁ Antes de ponerte en marcha es conveniente comprobar la presión de los (4)_____ , para lograr una mayor estabilidad del vehículo. Así mismo comprueba la presión de la (5)_____ de repuesto.

☁ Observa si las luces de los (6)_____ , de los (7)_____ y de los (8)_____ están en buen estado.

☁ Conviene salir con el (9)_____ lleno para tener un mayor margen de tiempo antes de realizar la primera parada.

☁ Es muy peligroso que los (10)_____ estén deteriorados. Conviene cambiarlos al menos una vez al año.

☁ Acostúmbrate a llevar siempre las manos en el (11)_____ : la maniobra de cambio de marchas debe ser rápida y efectiva.

El seguimiento de todos estos consejos, te ayudará a llegar a tu destino sano y salvo.

2. Lee el texto de nuevo y contesta las siguientes preguntas.

1. ¿Cuál es la posición correcta de los espejos retrovisores? _____

2. ¿A quién obliga la ley a llevar puesto el cinturón de seguridad?_____

3. ¿Qué puede provocar una desestabilización del coche?_____

4. ¿Qué luces no pueden fallar al ponernos al volante?_____

5. ¿Qué parte del coche nos ayuda a mejorar la visibilidad en días de lluvia?_____

3. Construye frases utilizando los pronombres *se* + *me / te / le / nos / os / les*, como en el ejemplo.

Ej.: olvidar / llamarte / a mí: *Se me ha olvidado llamarte.*
1. perder / el móvil / a ella.

_____

2. caer / un diente / a él

_____

3. escapar / el perro / a ellos

_____

4. ir / el autobús / a nosotros

_____

5. quemar / las lentejas / a ti

_____

6. bloquear / el ordenador / a mí

_____

7. inundar / la casa / a ellos

_____

8. hacer / tarde / a vosotros

_____

9. romper / el motor / a nosotros

_____

10. estropear / las vacaciones / a ellos

_____

10

12

A. Ficciones

1. Lee este fragmento de una narradora española. Completa los huecos con los tiempos verbales correspondientes. Te servirá para repasar las oraciones condicionales y el subjuntivo.

–Verás, papá, este verano voy a cumplir diecisiete años… –intentaba improvisar, pero él echó una ojeada a su reloj y, como de costumbre, no me dejó terminar.

–Uno, si quieres dinero, no (1)*hay* (haber) dinero, no sé en qué os lo gastáis. Dos, si te quieres ir en julio a Inglaterra a mejorar tu inglés, (2)_____ (yo, parecer) muy bien, y a ver si convences a tu hermana para que (3)_____ (irse) contigo, estoy deseando que me dejéis en paz de una vez. Tres, si vas a suspender más de dos asignaturas, este verano (4)_____ (tú, quedarse) estudiando en Madrid, lo siento. Cuatro, si te quieres sacar el carné de conducir, te compro un coche en cuanto (5)_____ (tú, cumplir) dieciocho, con la condición de que, a partir de ahora, (6)_____ (tú, ser) tú la que pasee a tu madre. Cinco, si te has hecho del Partido Comunista, (7)_____ (tú, estar) automáticamente desheredada desde este mismo momento. Seis, si lo que quieres es casarte, te lo (8)_____ (yo, prohibir) porque eres muy joven y harías una tontería. Siete, si insistes a pesar de todo, porque estás segura de haber encontrado el amor de tu vida y si no te dejo casarte (9)_____ (tú, suicidarse), primero me (10)_____ (yo, negar) aunque posiblemente, dentro de un año, o a lo mejor hasta dos, (11)_____ (yo, terminar) apoyándote sólo para perderte de vista. Ocho, si has tenido la sensatez, que lo dudo, de buscarte un novio que te (12)_____ (convenir) aquí en Madrid, puede subir a casa cuando (13)_____ (él, querer), preferiblemente en mis ausencias. Nueve,

si lo que pretendes es llegar más tarde por las noches, no te dejo, las once y media ya está bien para dos micos como vosotras. Y diez, si quieres tomar la píldora, me parece bien, pero que no (14)_____ (enterarse) tu madre.

ALMUDENA GRANDES
(Adaptado de *Malena es un nombre de tango*)

2. En el texto aparecen cinco palabras o frases características de un registro coloquial y de la lengua oral. Busca en el texto estas cinco palabras o frases, que signifiquen:

1. Mirar rápidamente. *ojeada*
2. Insulto que significa "tontas". _____
3. Cometer un error. _____
4. No verte más. _____
5. No molestar. _____

3. Elige la preposición adecuada. Si pudieran ser las dos opciones explica el significado de cada una de ellas.

1. La comisión de fiestas tiene prevista una gran verbena amenizada *por / para* las orquestas Asia e Internacional.
2. Es la única ocasión anual en la que bajan *por* / *para* el río Esca los remeros.
3. Resulta muy difícil entender hoy cómo aquel horror pudo pasar inadvertido *por* / *para* el resto del mundo.
4. Aquel día iniciaron una amistad *por* / *para* siempre.
5. Televisaron el partido *por* / *para* un canal de televisión autonómico.
6. El acceso a la carretera que conduce a tu casa se encuentra cerrado *por* / *para* obras.
7. Salió de la oficina como un rayo *por* / *para* entrar minutos después pidiendo mil y una disculpas.
8. El ordenador se ha convertido en una herramienta esencial *por* / *para* trabajar.
9. Parte de la deuda está relacionada con los trabajos realizados *por* / *para* la empresa Prochacón.
10. La obra del escritor fue considerada como una ofensa *por* / *para* muchos de sus amigos.

4. Relaciona cada frase con el valor que aporta la preposición *por* o *para* dentro de ella.

1. Lo metieron en la cárcel por delincuente. — *j*
2. Quiero verlo para hablar con él. — *g*
3. Empezamos a salir por el año 89. — *e*
4. Mañana mismo nos iremos para Galicia. — *c*
5. Tu hermano saltó la verja y entró por la ventana. — *b*
6. Solamente me cortaría el pelo por mucho dinero. — *i*
7. Estuve toda la tarde paseando por el barrio. — *d*
8. El coche ha sido robado por unos individuos enmascarados. — *a*
9. Para Juan, el país más increíble es Japón. — *f*
10. Las obras del estadio habrán finalizado para el 2020. — *h*

---

a . Complemento agente
b . Lugar, a través de
c . Lugar, dirección
d . Lugar aproximado
e . Tiempo aproximado
f . Opinión
g . Finalidad
h . Tiempo
i . Intercambio
j . Causa

5. Completa con la preposición más adecuada, *por* o *para*.

1. *Para* lo que hablaste, te hubiese sido más fructífero haberte quedado en casa.
2. El paquete de correos que ha llegado es *para* ti, ábrelo.
3. *Para* ver a Joaquín Cortés hay que pagar 60 € por persona.
4. En estos últimos años, la gente que quiere estudiar *para* abogado ha incrementado notablemente.
5. Tu artículo ya está *para* salir. En pocos días *por* podremos ver la revista en el kiosco. *aproximado*
6. La cláusula quinta del contrato fue aprobada *por* unanimidad.
7. Me ha tocado un vale *para* canjear por cualquier producto de la marca Tiver.

8. Por favor, no salgas a la calle *por* la puerta principal.
9. No han podido mudarse a su nueva casa porque todavía estaba la mudanza *por* hacer.
10. He reservado una mesa *para* quince personas *para* este fin de semana.
11. Recuerdo que en un examen oficial expulsamos a una chica *por* querer pasar *por* su hermana.
12. ¡María!, ¡date prisa!, te llaman *por* teléfono.
13. *Para* ser tan alto, juega fatal al baloncesto.
14. Habla fenomenal ruso *por* haber estado 10 años viviendo en ese país.
15. He ido a cambiar tu regalo *por* un vale *para* las rebajas.
16. Nos enteramos de que nos habían robado *por* las noticias del canal 8. *your home was been robbed*
17. *Para* una tortilla sólo se necesitan huevos, patatas y aceite.
18. Siempre te tuvo *por* un hijo y ahora le has fallado.
19. Al final conseguí el reloj *por* 30 € menos.
20. Te lo dijo *por* lo que te lo dijo, nada más.

6. Escucha el siguiente relato corto. En él aparecen cinco veces la preposición *por* y tres veces la preposición *para*. Escribe las frases en las que aparecen estas preposiciones y analiza el valor de cada una de ellas. **13** 🔘

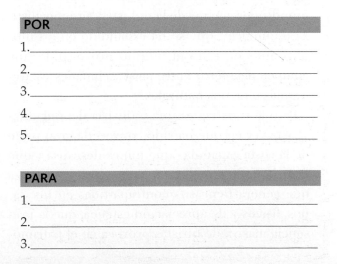

POR
1.
2.
3.
4.
5.

PARA
1.
2.
3.

estar por = a punto de
para = para +

no está para nadie
= everyone leave you alone

12

casa

1. Lee este texto acerca del turismo cultural en España. En el texto aparecen cuatro construcciones pasivas. ¿Cuáles son?

LOS DESAFÍOS DEL PATRIMONIO HISTÓRICO

España es el segundo destino turístico del mundo después de Francia. En gran parte, los más de 53 millones de turistas que visitan nuestro país *son atraídos* por el clima y la oferta lúdica, pero un amplio porcentaje es atraído también por la belleza de sus monumentos y la singularidad de su cultura, algo que es uno de los grandes alicientes del turismo interior. El turismo cultural se está convirtiendo en uno de los grandes ganchos de esta gran industria del ocio –la Unesco la considera la más importante del mundo, por encima de la industria automovilística o química–, que se ha expandido en los últimos años en todo el mundo provocando una competencia feroz entre países, ciudades y parajes más o menos naturales.

Pero la turística es una industria depredadora –basta ver en qué ha sido convertida gran parte de la costa española– que nunca descansa y que fagocita todo aquello que encuentra. La riqueza que genera tiene sus contrapartidas en los daños, físicos y de apreciación estética, que la presencia masiva de turistas provoca en el patrimo-

nio cultural. Es un problema común a muchos países, desde Egipto, en donde se plantean limitar el acceso al valle de los Reyes, a Francia, en donde cunde la preocupación por la "tematización" de todo el país.

El debate cultural sobre el fenómeno ha comenzado a tomar forma y una prueba es el encuentro profesional que ha sido celebrado del 26 al 28 de mayo en Barcelona titulado, "Nuevas políticas para el turismo cultural. Desafíos, rupturas y respuestas", que organiza la Fundación Caixa Catalunya, entidad que quiere liderar el debate sobre la relación entre turismo y cultura como gestora que es de La Pedrera, de Gaudí, calificada como patrimonio de la humanidad. Ha sido una oportunidad para analizar la situación de algunos de los principales objetivos del turismo cultural en España que oscilan entre el cierre total y la afluencia sin control.

(Adaptado de *El País*)

1. _____
2. _____
3. _____
4. _____

2. Busca en el texto qué palabras o frases significan lo siguiente.

1. Relativo al juego: *lúdica*
2. Circunstancia que hace agradable un lugar:
_____
3. Atracción que se siente hacia algo o hacia alguien:
_____
4. Tiempo libre: _____
5. Grande, enorme: _____
6. Lugar: _____
7. Que roba o saquea con violencia y destrozo:
_____
8. Absorber: _____
9. En gran número: _____
10. Abundancia de algo: _____

12

3. Corrige los errores que encuentres en las construcciones pasivas que aparecen en el texto.

MUSEO DEL PRADO

El poder de las exposiciones temporales

El Museo del Prado ha descubierto que la tendencia de los visitantes ha estado invertida por las grandes exposiciones temporales. Está demostrado por un estudio reciente que los españoles que visitan estas muestras son el 60%, y el resto son extranjeros, cuando la proporción de los que acuden cada día es la contraria. La afluencia de público está dominada por el público extranjero, que ya ha superado los dos millones de personas al año. El Día Internacional del Museo, con entrada gratuita, estuvo visitado por 11.000 personas. El director del museo señala la exposición de Velázquez en 1990, con medio millón de visitantes, como la llamada de urgencia para plantearse la ampliación con el claustro de los Jerónimos, que estuvo inaugurado en 2006, después de un retraso respecto a los grandes museos, cuyas reformas estuvieron acometidas en los años setenta y ochenta.

4. Completa las frases con la forma pasiva con *ser* o *estar*.

1. Esta mañana su hermano *ha sido galardonado* (galardonar) con el premio Guay.
2. El edificio _____ (construir) el próximo año por la empresa encargada de su diseño.
3. El cuchillo _____ (hallar) por su vecino cuando paseaba por un parque cercano.

4. Los presuntos asesinos _____ (encarcelar) desde ayer por la noche.
5. Cuando tú llamaste, la programación de la televisión ya _____ (suspender).
6. Cuando terminó de dar la conferencia _____ (abuchear) por toda la gente de la sala.
7. El cristal ya _____ (romper) antes de que tú llegaras.
8. Cada año las aceitunas _____ (recoger) para elaborar el famoso aceite de oliva.
9. En aquella época las chicas _____ (invitar) al cine por sus parejas.
10. Aquella mujer _____ (sentenciar) a tener aquel final desde que conoció a su compañero.
11. Recuerdo que todas las navidades la cena _____ (preparar) por tu madre.
12. Durante la construcción del embalse en 1974, _____ (encontrar) miles de fósiles que nunca _____ (declarar).
13. Los rehenes _____ (retener) por los atracadores durante más de seis horas.
14. Las fiestas de mi pueblo _____ (suspender) porque no hay gente voluntaria para formar una comisión de fiestas.
15. El escritor _____ (plagiar) en innumerables ocasiones por sus propios admiradores.

C. ¿Sigues pintando?

1. Elige la perífrasis verbal correcta. Fíjate en el significado de la frase.

1. El otro día *tuve que / debí* ir a pasar la revisión al coche.
2. No *dejo de / vuelvo a* pensar en el cotilleo que me has contado esta mañana.
3. *Llevo / sigo* estudiando español desde que te conozco. *Not dear if still studying*
4. Si quieres mejorarlo *vuelve a / debes* repetirlo una y otra vez.
5. *Hubo que / Debimos de* hacerlo, no nos quedó otro remedio. *(tuvimos que) NA normally spoken in formal text*
6. Tu tío *tiene / lleva* perdido tanto dinero en el juego que ya he perdido la cuenta.

7. A pesar de su edad *sigue / lleva* estudiando como si tuviera 20 años.

8. Si no cuentas los días festivos, el curso *tiene que / viene a* durar unos 15 días.

9. *Ha dejado de / Ha debido de* estudiar definitivamente.

10. *Llevamos / Seguimos* esperándote toda la tarde.

11. Nunca *había tenido que / había debido de* esperar tanto por una persona como hoy.

12. Cuando tuvimos el accidente aquel 12 de marzo *vinimos a / volvimos a* nacer. *ven a very serios situation ocurs*

13. Se *debe de / Hay que* trabajar mucho para poder pagar una hipoteca.

14. *Lleváis / Seguís* siendo los mismos de aquel verano.

15. Ahora mismo tu coche *debe / viene a* costar unos 3.000 €, bastante menos que cuando lo compraste.

2. Marca la forma o formas que pueden utilizarse en las siguientes frases.

1. *Llevo* entrevistados a más de cien candidatos para el puesto de trabajo.
   a) Hemos   b) Tengo   c) Llevo

2. _____ preparando este examen desde hace al menos dos semanas.
   a) Llevo   b) Sigo   c) Empecé

3. ¿Has _____ pagar alguna vez alguna letra al Banco?
   a) tenido que   b) dejado de   c) venido a
   mortgage payment (monthly) os of car

4. Cuando le dijeron la noticia _____ saltar como un loco.
   a) se echó a   b) volvió a   c) tuvo que

5. Después de intentarlo una y otra vez, _____ dejarlo por imposible.
   a) dejó de   b) hubo que   c) vino a

6. Justo en el momento en el que se fue _____ diluviar.
   a) empezó a   b) vino a   c) tuvo que

7. Nunca entenderé tus reacciones, _____ cambiar tu forma de ser.
   a) deberías   b) volverías a   c) tendrías que
   muy suave   *más fuerte*

3. Explica el valor de las perífrasis verbales que aparecen en las siguientes oraciones.

1. Llevo esperando mi oportunidad laboral desde que terminé mis estudios.
   Continuidad y duración

2. A. ¿Cuántos kilómetros hay desde tu casa al colegio?
   B. Vienen a ser 3 kilómetros y medio.
   _____

3. Cuando hablé con ella ya llevaba recorrido la cuarta parte del camino.
   _____

4. No vuelvas a insultarme delante de mis superiores. No te lo permito.
   _____

5. Debes estudiar más si quieres tener una buena calificación.
   _____

6. Debemos de ser de los primeros en la lista.
   _____

7. He dejado de conducir en cuanto me he enterado de la noticia.
   _____

8. Hubo que sacarlo de allí con los medios de los que disponíamos.
   _____

4. Completa el texto con las perífrasis verbales del recuadro.

> iban precipitando – volvía a plantar
> llevaba pregonando – había que señalarlas
> debía de ser – venía llamando
> había de recordar

Muchos años después, frente al pelotón de fusilamiento, el coronel Aureliano Buendía (1) *había de recordar* aquella tarde remota en que su padre lo llevó a conocer el hielo. Macondo era entonces una aldea de veinte casas de barro y cañabrava construidas a la orilla de un río de aguas diáfanas que se (2)_____ por un lecho de piedras pulidas, blancas y enormes como huevos prehistóricos. El mundo era tan reciente, que muchas cosas carecían de nombre, y para mencionarlas (3)_____ con el dedo. Todos los años, por el mes de marzo, una familia de gitanos desarrapados (4)_____ su carpa cerca de la aldea, y con un grande alboroto de pitos y timbales daban a conocer los nuevos inventos. Primero llevaron el imán. Un gitano corpulento, de barba montaraz y manos de gorrión, que se presentó con el nombre de Melquíades, hizo una truculenta demostración pública de lo que él mismo (5)_____. la octava maravilla de los sabios alquimistas de Macedonia. Fue de casa en casa arrastrando dos lingotes metálicos, y todo el mundo se espantó al ver que los calderos, las pailas, las tenazas y los anafes se caían de su sitio, y las maderas crujían por la desesperación de los clavos y los tornillos tratando de desenclavarse, y aun los objetos perdidos desde hacía mucho tiempo aparecían por donde más se les había buscado, y se arrastraban en desbandada turbulenta detrás de los hierros mágicos de Melquíades. "Las cosas tienen vida propia —(6)_____ todo el día con áspero acento—, todo es cuestión de despertarles el ánima." José Arcadio Buendía, cuya desaforada imaginación iba

siempre más lejos que el ingenio de la naturaleza, y aun más allá del milagro y la magia, pensó que (7)_____ posible servirse de aquella invención inútil para desentrañar el oro de la tierra. Melquíades, que era un hombre honrado, le previno: "Para eso no sirve". Pero José Arcadio Buendía no creía en aquel tiempo en la honradez de los gitanos, así que cambió su mulo y una partida de chivos por los dos lingotes imantados. [...]

(Adaptado de *Cien años de soledad*, de Gabriel García Márquez)

12

5. Relaciona cada perífrasis verbal que aparece en el texto con su valor.

1. iban precipitando	**b**
2. volvía a plantar	☐
3. llevaba pregonando	☐
4. había que señalarlas	☐
5. debía de ser	☐
6. venía llamando	☐
7. había de recordar	☐

a. futuro o condicional
b. idea de progresión en el desarrollo de un proceso
c. expresa la necesidad de manera impersonal
d. repetición
e. algo que se repite en el pasado y se acerca al presente
f. continuidad
g. probabilidad o suposición

Transcripciones

UNIDAD 1

C. Una época para recordar

4. Pista 1

P.: ¿Cómo empezó a cantar?

R.: A los 16 años era la única chica del instituto a la que le gustaba la zarzuela y no la música moderna. No tenía muchos amigos, me enteré de que había un coro en el pueblo y me apunté.

P.: ¿Entonces se unió al coro para buscar amigos o su verdadero objetivo era cantar?

R.: Bueno, yo cantaba desde siempre, pero no pensaba ser cantante. Iba al coro porque me encontraba con gente que tenía mis mismos intereses, con la que me tomaba un café y hablaba de cosas interesantes. Mi vocación era ser maestra.

P.: ¿Para usted qué significaba entonces su propia voz?

R.: Para mí, nada. Era una circunstancia con la que había nacido, como quien tiene los ojos azules o el pelo rubio... No lo supe apreciar hasta mucho más tarde. Cuando me iba a Córdoba a estudiar, el director del coro me dijo: "Pero, oye, ¿por qué no pruebas a estudiar canto? Tienes cualidades y deberías pensártelo". Le dije "es que yo no quiero ser cantante". "Bueno, tú estudias y cuando vuelvas de vacaciones nos lo cuentas", me respondió.

P.: ¿Y qué pasó?

R.: Pues que iba a la universidad por la mañana y al conservatorio por la tarde. Y como no había hecho un curso de solfeo en la vida, tuve que empezar con niños de ocho años. Yo tenía 18.

P.: ¿Le gustan las dificultades?

R.: Me niego a lo fácil. No es que quiera hacer las cosas más difíciles, es que me parece que el camino del sacrificio es el camino real; lo sencillo no lleva a ninguna parte. Mi abuelo era un hombre de campo y de pueblo que tenía una sabiduría popular. Me dijo que la mente tenía que mandar en el cuerpo, que siempre tenía que estar por encima. Que el cuerpo me pediría pereza y cosas sencillas, pero que la mente estaba ahí para ordenarle lo contrario.

P.: ¿De dónde le viene la buena voz?

R.: De este abuelo. Era tenor; nadie le había enseñado a cantar y su voz estaba impostada de manera natural. Cantaba en la iglesia. Por parte de mi padre todos son músicos, músicos de banda, como es tradicional por aquí.

UNIDAD 2

A. Objetos imprescindibles

3. Pista 2

Los juguetes tradicionales exigen esfuerzo físico y destreza para competir sin violencia.

Según Mario Vázquez, diseñador de juguetes tradicionales, los juguetes de plástico y electrónicos limitan la capacidad física e inventiva de los niños, los hacen individualistas, los aíslan y en muchos casos los inducen a la violencia.

Por otro lado, los juguetes tradicionales exigen al niño convivencia social, esfuerzo físico y destreza para competir sin violencia, como es el caso del yoyó, las canicas, etc., a diferencia de los juguetes modernos, en los que sólo manipulan teclas, observan a distancia y no les exigen una participación directa.

El predominio de estos nuevos juguetes y su uso cada vez mayor en sectores sociales urbanos, advirtió Mario Vázquez, se está traduciendo no sólo en el desplazamiento de una tradición de juegos "útiles y divertidos", sino en la "imposición de modelos diferentes de cultura" que propenden a limitar la capacidad de imaginación y esfuerzo de los niños.

No hay que olvidar que los niños son como esponjas. A veces destruyen los juguetes cuyo mecanismo y uso no pueden asimilar. En cambio, cuando entienden y aprenden su utilidad en términos de participación directa y creatividad propia en su juego, los cuidan y se preocupan por conservarlos.

Por todo ello, un grupo de expertos ha adquirido uno de los programas de rescate de la juguetería mexicana más audaces de la última década: la construcción de juguetes por cuenta de los niños.

"Se trata de que los niños –explican– aprendan a hacer sus propios juguetes, que los dibujen, armen, pulan, pinten, que les hagan variantes, los diseñen, rediseñen y reinventen. De que sientan que son obra suya y que jueguen y compartan con otros niños. Mediante este procedimiento habremos logrado una grata experiencia en la lucha por rescatar el juguete mexicano".

(Este texto fue adaptado del original que aparece en la página Web: *http://www.conaculta.gob.mx/saladeprensa/2002/11abr/juguetes.htm*

UNIDAD 3

A. A comer

3. Pista 3

Limpieza de las hortalizas
A la hora de preparar y presentar cualquier plato, por sencillo que sea, tan importante como la calidad de los ingredientes es el cuidado y el esmero que se dedique en el intento.

- Lave las hortalizas de manera minuciosa justo antes de consumirlas o cocinarlas con el fin de eliminar restos de tierra, insectos, residuos químicos y prevenir toxiinfecciones alimentarias.
- Los vegetales que crecen en contacto directo con la tierra (zanahorias, rábanos, espárragos) deben lavarse con esmero, sobre todo las hortalizas de hoja (lechuga, escarola...).
- Se recomienda el lavado de los vegetales, hoja por hoja, en agua fría con unas gotas de lejía apta para desinfección de aguas. Después deben aclararse con agua limpia repetidas veces.
- Evite el remojo prolongado con el fin de que no pierdan nutrientes solubles en agua (sales minerales y vitaminas). Si se añaden sustancias ácidas (limón o vinagre) al agua de remojo, se reduce la oxidación de algunas vitaminas.
- Siempre que sea posible es preferible consumir las hortalizas sin pelar, puesto que en ocasiones poseen un mayor contenido de vitaminas y otros compuestos beneficiosos en las zonas más externas (por ejemplo, el tomate posee un mayor contenido de licopeno en la piel que en la pulpa). En estos casos, deben lavarse con cuidado y secarse con un paño limpio para eliminar cualquier resto de partículas extrañas (polvo, tierra...) y posibles residuos de plaguicidas y tratamientos químicos.
- El pelado o cortado también debe realizarse justo antes de su consumo para evitar el oscurecimiento (zanahorias). Si esto no es posible, se aconseja rociar con zumo de limón o vinagre y cocinarlos lo antes posible.
(Artículo adaptado:
http://verduras.consumer.es/documentos/descubrir/limpieza.php)

UNIDAD 4

A. ¿Con quién vives?

4. Pista 4

ENTREVISTADOR: Tener buenos amigos mejora la esperanza de vida incluso más que la propia familia, según un estudio australiano publicado en la Revista Internacional de Epidemiología y Sanidad Pública. A lo largo de diez años que duró la investigación, las más de 1.500 personas mayores de 70 años encuestadas demuestran que sus amigos mejoran el humor, la autoestima y ayudan a superar malos momentos. Hoy están con nosotros Pilar, de 75 años, y Esteban, de 71, para hablar de su experiencia sobre este tema. ¿Creéis que tener amigos es tan importante como demuestran estas estadísticas?
PILAR: A lo largo de la vida se valoran las amistades de manera diferente. De jovencita recuerdo que los amigos eran lo más importante en mi vida. Después me casé, tuve mis hijos y la mayor parte de mi tiempo libre lo ocupaba con ellos. Con el paso de los años, cuando los hijos se van haciendo independientes, vuelves a necesitar compartir tus momentos de ocio. Así que otra vez contactas con gente de tu edad, sin estar pendiente de los niños, con los que puedas intercambiar experiencias y opiniones. Para mí ahora mismo son imprescindibles para mantener mi equilibrio personal.
ENTREVISTADOR: ¿Tu experiencia es similar, Esteban?

ESTEBAN: Bueno, mi trayectoria personal ha sido diferente porque yo no he tenido hijos. De todas formas, yo estoy muy acostumbrado a estar solo. Se puede decir que en mi vida he tenido sólo algunos buenos amigos con los que poder compartir mis inquietudes, mis penas y mis alegrías. Pero yo he sido feliz así.
ENTREVISTADOR: ¿Qué características son imprescindibles en un buen amigo?
PILAR: Pues un buen amigo es la persona en la que puedes confiar, a la que le puedes contar tus problemas, la que te sabe escuchar...
ESTEBAN: Estoy de acuerdo en todo lo que ha dicho Pilar, pero además para mí un amigo es la persona que comparte conmigo mis aficiones, inquietudes, opiniones...
ENTREVISTADOR: ¿Seguís manteniendo relaciones con vuestros amigos?
PILAR: Sí, claro. Mi marido y yo formamos ahora parte de un grupo de amigos, algunos casados, otros viudos o separados, con los que nos reunimos prácticamente todas las semanas. Con ellos viajamos, vamos al cine, al teatro, a conciertos... En fin, lo pasamos estupendamente juntos.
ESTEBAN: Bueno, yo he perdido algunos de mis amigos a lo largo de la vida, pero los dos o tres amigos que aún conservo son compañeros ideales de café y tertulia. Nos gusta reunirnos en nuestras casas y pasamos muchas horas disfrutando con el mero placer de la conversación. Nunca pasan dos semanas sin que nos hayamos visto.

UNIDAD 5

B. Dinero

5. Pista 5

Hipotecas, préstamos, créditos rápidos… ¿Vivimos al límite?
La pareja hipotecada
Isabel Pérez y José Ángel Álvarez (ambos de 29 años) viven en Madrid. Son pareja de hecho. Ella es periodista. Él, profesor de matemáticas. Nivel adquisitivo: medio. Últimos caprichos: un viaje a Berlín, reformas en la cocina. Hipotecados hasta 2035.
"Compramos la casa hace un año. Empezamos pagando menos de 900 euros al mes. Pero las últimas subidas del euríbor nos han supuesto un incremento de 200 euros. Es mucho, y luego está la comida, el transporte…Tememos que los tipos sigan subiendo. Sin embargo, no vemos el futuro con pesimismo, porque confiamos en nuestra capacidad de trabajo. Sin la ayuda de nuestros padres, no tendríamos casa. Nos pagaron la entrada. Y si hay un mes muy malo, sabemos que están ahí. Nos gustaría tener hijos, pero, de momento, no nos lo podemos permitir."

El sueño del adosado
María Fernández y Juanjo Martínez, 37 y 44 años. Ella es directora de departamento comercial. Él es socio de una ebanistería. Tienen dos hijos. Nivel adquisitivo: medio. Último capricho: desde que ha nacido Virginia, muy pocos, sobre todo, tras el desembolso del bautizo. Hipotecados hasta

C. Desastres naturales

5. Pista 12

Medidas generales frente a un huracán

Una vez anunciada la probabilidad de que ocurra un huracán o tornado en el área:
- Llenar el depósito de gasolina de todos los coches que haya en casa.
- Comprar o almacenar agua potable para 3 días (aproximadamente 10 litros por persona), comida en conserva, etcétera.
- Hacerse con una radio que funcione con pilas y comprar pilas o baterías de repuesto.
- Adquirir un botiquín de primeros auxilios.
- Asegurar todo el material del patio o del jardín que pueda convertirse en proyectil.

Una vez emitido el aviso de alarma:
- Dar a las mascotas suficiente agua y comida.
- Trasladarse a un refugio si lo piden las autoridades.
- Montar las protecciones oportunas en la casa.
- Asegurar las puertas y ventanas expuestas al exterior.
- Cortar la energía eléctrica, el agua y el gas para evitar cortocircuitos o escapes.

Durante el huracán:
- Escuchar constantemente las últimas noticias.
- Mantenerse alejado de las puertas y ventanas expuestas al exterior.
- Cerrar las puertas en el interior y mantenerse en la habitación más segura.
- Si caen objetos por la fuerza del huracán, ubicarse bajo una mesa u otro objeto estable que ofrezca protección.
- Mantener las líneas telefónicas libres para su uso oficial en caso de emergencia.
- No abandonar el refugio hasta que expire el aviso de emergencia.

Después del huracán:
- Abrir puertas y ventanas para dejar escapar gas de tuberías que pudieran haberse roto.
- No usar cerillas hasta estar seguro de que no hay escapes de gas.
- No volver a dar la electricidad hasta asegurarse de que no hay peligro de electrocución.
- Esperar la opinión de expertos antes de conectar el gas para estar seguros de que no hay escapes.
- Desinfectar agua (hirviéndola por 15 minutos o agregándole dos gotas de cloro por cada litro) y alimentos que pudieran contaminarse.
- No usar agua del grifo hasta que las autoridades lo dispongan.
- Hacer inventario de alimentos disponibles y descartar los que puedan haberse contaminado.
- No usar innecesariamente automóviles para mantener las carreteras disponibles para los equipos de rescate.
- Recordar que el huracán pudo dañar puentes, riberas de ríos, muros, etc., que podrían representar un peligro.
- No salir descalzo.
- Cooperar con los equipos de rescate.

UNIDAD 12

A. Ficciones

6. Pista 13

La mujer del molinero fue despertada por el inoportuno trueno. Asombrada, descubrió que su marido no se encontraba a su lado. Corrió al comedor y, aferrando una rama del fuego, la acercó a la esfera del reloj. Apenas hacía una hora que se habían acostado.

Horas después, simuló dormir cuando escuchó el delator chirrido de la puerta. Él, sigiloso, se desnudó para acostarse con esmerada prudencia. Así transcurrieron las noches. Ella lo esperaba despierta, como siempre, y se acostaban juntos. Cuando la creía dormida, volvía a levantarse y se marchaba una vez más para volver dos horas más tarde.

Ahogada por la intriga un día lo siguió. Asombrada, lo vio entrar en el molino y cargar algunos sacos de harina en el carro de reparto. Seguramente los había molido a escondidas, cuando la invitaba a irse a casa un poco antes que él una vez terminada la jornada. Pronto sacó sus conclusiones: el muy ruin, avaro por naturaleza, seguro que pensaba canjear los sacos en el burdel por algún que otro favor. La miseria azotaba el feudo, a causa de la pasada peste, y las prostitutas aceptarían el alimento como caído del cielo. ¡Maldito mil veces! Ya lo había visto antes mirar de reojo hacia aquella casa de indecencia camino de la panadería.

Así, la mujer continuó siguiéndolo todas las noches, una tras otra, para sorprenderlo en plena acción, mas la sorpresa fue suya: el primer saco lo dejó en casa de la viuda, una desgraciada mujer de pellejos colgantes, envejecida antes de tiempo por el desgaste de criar a cuatro hijos. El molinero iba dejando los sacos en las puertas de las familias más miserables y hambrientas del feudo, para volver al hogar con el carro vacío. Mientras lo guardaba en el molino, la torpe espía corrió a su casa y se acostó... A los pocos minutos, llegó el marido con el sigilo de siempre. Se desvistió y se echó en la cama. Con el tiempo, se comenzó a escuchar por el feudo una extraña leyenda sobre un duende nocturno que robaba la harina del molino repartiéndola entre los más necesitados. El duende castigaba de esta forma la conocida avaricia del molinero, que jamás se apiadó de nadie. Ningún aldeano lo pudo ver nunca, pues el que lo viera perdería sus gracias y favores.

Así vivió aquella familia con sus secretos y misterios. Ella jamás le preguntó a él adónde se marchaba todas las noches... Él tampoco se atrevió a averiguar la razón por la que al volver le esperaban en la mesa bollos recién hechos acompañados de un gran tazón de leche.

Jesús Cano

http://www.adesasoc.org/relato.asp

Solucionario

UNIDAD 1

A. ¿Eres feliz?

1 1. ¿En qué estás pensando? 2. ¿Con qué está hecho este mantecado? 3. ¿Cuánto os gastasteis en la comida? 4. ¿Qué sofá prefieres? 5. ¿Dónde come? 6. ¿Quiénes van a la fiesta? 7. ¿Cuántas veces a la semana vais a yoga? 8. ¿Cuál es la comida preferida de tus hijos? 9. ¿Qué marca de café compro? 10. ¿Desde cuándo son amigos Luis y Rosa? 11. ¿A cuánto están hoy los tomates? 12. ¿Qué cuadros te gustan más?

2 1. ¿Qué marcas de detergente te gustan más? 2. ¿Cuál de los dos hermanos vino anoche? 3. ¿Desde cuándo vives en esta ciudad? 5. ¿A quién has invitado a tu cumpleaños? 6. ¿Por dónde pasea normalmente tu padre? 8. ¿Con cuánta frecuencia vas a la peluquería? 9. ¿Cuánto tiempo llevas saliendo con Laura? 10. ¿Desde cuándo no has visto a tus padres? 11. ¿A qué alumnos les has dicho que vengan mañana a examinarse?

3 1. g; 2. e; 3. a; 4. f; 5. b; 6. d; 7. c; 8. i; 9. j; 10. h.

4 1. sobre; 2. que; 3. según; 4. publica; 5. a; 6. muy; 7. como; 8. sí; 9. tanto; 10. los; 11. entre; 12. a; 13. piensan; 14. profesora; 15. medios.

B. Aprender de la experiencia

1 A. 1. vi; 2. dijo; 3. había terminado; 4. iba; 5. preguntó; 6. dije; 7. estabas. B. 1. has levantado; 2. me acosté; 3. estuve; 4. Era; 5. envenenaba; 6. venía; 7. terminó; 8. me acosté; 9. podía; 10. tuve. C. 1. has enterado; 2. pasa; 3. decidió; 4. tenía; 5. estaba; 6. pidió; 7. llamaron; 8. dieron. D. 1. he visto; 2. ha salido; 3. ha hecho; 4. denunció; 5. estaba.

2 1. llamó, dijo, habían arreglado; 2. salía, vi, llevaba, era; 3. se equivocaron, tomaron, iba; 4. pensaba, gustaba, he tomado; 5. he visto, he pensado, había tenido; 6. hizo, propuso; 7. ha detenido, manipulaban; 8. He leído, ha inaugurado.

3 Nació en Calzada de Calatrava... Cuando tenía ocho años emigró con su familia... Allí estudió el Bachillerato. A los 16 años se instaló en Madrid... Al principio realizó múltiples trabajos... tuvo un trabajo fijo... En esa temporada alternó su trabajo... actuó en un grupo de teatro... escribió relatos cortos, realizó cortometrajes... amigos que le financiaron, consiguió dirigir... rodó la segunda película...tuvo una buena acogida... dirigió *La ley del deseo*, que fue financiada por su propia productora. En 1987... se convirtió en un éxito. Dio la vuelta al mundo y fue aplaudida... Recibió más de cincuenta premios y fue nominada para... Mientras siguió el éxito de mujeres..., Almodóvar siguió su trabajo y rodó una nueva película: *Átame* (1989), en la que empezó a trabajar con Victoria Abril. La película arrasó..., casi un millón de personas acudieron al cine a verla. Siguieron títulos como... En 1999, *Todo sobre mi madre* se convirtió... Consiguió el Oscar de Hollywood y fue aplaudida... También *Hable con ella*, de 2002, consiguió...Y en 2006 apareció... el director rindió.

4 fue, tenía, bombardearon, Estaba, dijo, era, dejaron, quedé, veía, intentaban, habían salvado, pusieron, fueron, estaban, di, corría, puse, atravesé, crucé, conseguí, sujetaba, oí, decía, hemos olvidado, dije, dijo, has hecho.

C. Una época para recordar

1 1. c); 2. j); 3. a); 4. h); 5. g); 6. f); 7. b); 8. i); 9. e); 10. d).

2 1. existían; 2. era; 3. iba; 4. entraba; 5. era; 6. tenían; 7. contribuían; 8. iba; 9. se exhibían; 10. consumía; 11. iba; 12. abría.

3 1. entradas; 2. brecha; 3. contribuye; 4. paraje; 5. consume; 6. cola; 7. cartelera.

4 Libre.

UNIDAD 2

A. Objetos imprescindibles

1 1. Plancha de fundición (G); 2. Máquina de coser (F) ; 3. Prismáticos (E); 4. Peonza (H); 5. Máquina de escribir (I); 6. Molinillo (A); 7. Tocadiscos (J); 8. Cámara de fuelle (K); 9. Quinqué (B); 10. Báscula romana (D); 11. Palmatoria (C).

2 1. La balanza romana servía para pesar los alimentos. 2. La peonza servía para que los niños jugaran. 3. Los prismáticos servían para ver objetos lejanos. 4. El molinillo servía para moler el café. 5. La máquina de escribir servía para escribir con letra de imprenta. 6. El tocadiscos servía para escuchar música. 7. El quinqué y la palmatoria servían para alumbrar. 8. La máquina de coser servía para coser y confeccionar ropa. 9. La cámara de fuelle servía para sacar fotos. 10. La plancha de fundición servía para planchar la ropa.

3 1. Que los modernos hacen que los niños sean más individualistas y los aíslan, mientras que los tradicionales les exigen una convivencia social y les enseñan a competir sin violencia. 2. En general, no les exigen una participación directa. 3. Que lo absorben todo. 4. La construcción de juguetes por parte de los niños. 5. Respuesta abierta.

B. La casa del futuro

1 Mañana, a estas horas, ya habré terminado el examen. 2. ¡Mañana ya habrá terminado la exposición y no tendré que estar más aquí! 3. Cuando Clara llegue, nosotros ya habremos terminado de cenar. 4. ¡Habrá hecho muchas prácticas, pero no le ha servido de mucho! 5. Cuando llegue al supermercado, ya estará cerrado y no podré hacer la compra. 6. Cuando yo llegue, vosotros ya habréis terminado de jugar el partido.

2 1. se darán; 2. estará; 3. mostrarán; 4. entregará; 5. será; 6. presentará; 7. será; 8. presentará; 9. explicará.

3 1. En el Recinto ferial IFEMA en Madrid. 2. De 10 a 19 horas; 3. El área de "E-life SIMO". 4. En 9.000 € en equipamiento.

4 A. A. ¿Por qué se irá tan temprano? B. Habrá quedado con alguien. B. A. ¿Por qué llorará ese niño? B. Habrá perdido a su madre. C. A. ¿Por qué le reñirá? B. Habrá vuelto a suspender. D. A. ¿Por qué no entrará en casa? B. Habrá olvidado la llave. E. ¿Por qué le quedarán grandes los pantalones? B. Habrá adelgazado.

5 1. seguirán; 2. habrá; 3. podrán; 4. podrán; 5. podrán; 6. tendrá; 7. saldrán; 8. llevará; 9. Será; 10. se multiplicará; 11. vivirán; 12. generará; 13. permitirá; 14. crecerán; 15. valorará; 16. permitirá; 17. formarán; 18. podrán; 19. contarán.

C. Me pone nerviosa que Luis no sea puntual

1 1. se pusieran; 2. vengan; 3. tocaran; 4. tengan; 5. pueda; 6. nos enfadáramos; 7. nos llevemos; 8. cambie; 9. evolucione.

2 Respuesta libre.

3 1. un ventilador o un aparato de aire acondicionado; 2. un flexo o una lámpara; 3. un ascensor; 4. un despertador; 5. un microondas; 6. una nevera; 7. una lavadora-secadora; 8. una batidora; 9. un lavavajillas; 10. un horno.

4 1. estará; 2. podrá; 3. construiría; 4. Tendrá; 5. Habrán terminado; 6. tendríais; 7. Serán; 8. aumentarán; 9. expropiará, comprará; 10. habréis terminado.

UNIDAD 3

A. A comer

1 a) pimiento, pepino, ajo, tomate.
b) patatas, cebolla.
c) judías verdes o repollo.
d) casi cualquier verdura de temporada: judías verdes o guisantes o pimientos o alcachofas.

2 1. las frutas; 2. Aterosclerosis, diverticulitis, colon irritable, osteoporosis, anemias, cáncer, etc.; 3. Alteraciones funcionales, orgánicas y clínicas; 4. Las vitaminas pueden frenar el desarrollo de la mayor parte de las enfermedades crónicas.

3 1. F. 2. F. 3. V. 4. V. 5. V.

B. Cocinar

1 1. h; 2. b; 3. g; 4. a; 5. e; 6. c; 7. f; 8. d.

2 1. estén; 2. llegasteis; 3. puedas; 4. llegó; 5. llegarais; 6. comer; 7. añadas; 8. llaméis; 9. terminó; 10. hierva.

3 1. llegue; 2. tenga; 3. mezclaré / mezclo; 4. aliñaré / aliño; 5. estén; 6. llamen; 7. invito; 8. invitar; 9. hable; 10. invitó; 11. llegara; 12. hice; 13. ponga; 14. vaya.

4 1. comience; 2. esté; 3. añadimos / añadiremos; 4. añadamos; 5. echemos; 6. añadimos/añadiremos; 7. transcurran; 8. incorporamos / incorporaremos; 9. comience; 10. esté/está.

5 1. a; 2. b; 3. a; 4. a; 5. d; 6. b.

C. Dolor de espalda

1 1. c; 2. a; 3. b; 4. f; 5. d; 6. e.

2 1. ha dado pie; 2. por narices; 3. tiene mucha cara; 4. salieron por pies; 5. Qué mala pata tiene; 6. como anillo al dedo.

3 1. acuéstate; 2. caminad; 3. ponles, dales; 4. acude; 5. tendrías; 6. hubieras sentado, dolería; 7. hicieras.

4 1. Si no hubiera llegado tarde, habría cogido el autobús. 2. Si hubiera tenido cuidado, el mono no se hubiera/habría comido la merienda. 3. Si tuviera dinero, me compraría el collar. 4. Si me hubiera dado prisa, la tienda no estaría cerrada. 5. Si no me hubiese saltado el semáforo, no hubiera/habría tenido un accidente. 6. Si hubiera traído paraguas, no estaría aquí ahora.

5 1. tuviera (a); 2. Aprobaría (k); 3. hubierais ahorrado (h); 4. Metería (l); 5. fuéramos (c); 6. te encuentras (i); 7. tendrías (e); 8. comería (j); 9. daría/hubiera dado (b); 10. hubieran empinado (d); 11. hubierais sido (f); 12. volviera (g).

UNIDAD 4

A. ¿Con quién vives?

1 1. Presencia; 2. Atención; 3. Obesidad; 4. Pensamiento; 5. Naturaleza; 6. Hundimiento; 7. Ausencia; 8. Cocción; 9. Pureza; 10. Capacidad; 11. Prudencia; 12. Devolución; 13. Habilidad; 14. Sentimiento; 15. Aspereza; 16. Pobreza; 17. Corrimiento; 18. Legalidad; 19. Solución.

2 1. obesidad; 2. cocción; 3. ausencia; 4. capacidad; 5. pobreza; 6. pureza; 7. pensamientos; 8. devolución; 9. presencia; 10. hundimiento; 11. solución; 12. prudencia; 13. sentimientos; 14. corrimientos; 15. naturaleza.

3 1. realización; 2. necesidad; 3. tratamiento; 4. evaluación; 5. manifestaciones; 6. estudios; 7. preocupación; 8. pensamientos; 9. inseguridad.

4 1. Pilar; 2. Esteban; 3. Pilar; 4. Esteban; 5. Pilar; 6. Esteban; 7. Pilar; 8. Esteban.

5 1. La esperanza de vida, el humor y la autoestima. 2. Pilar, 75 años, y Esteban, 71. 3. Cuando se casó y tuvo hijos. 4. Para mantener su equilibrio personal. 5. Sus inquietudes, sus penas y sus alegrías. 6. Es la persona en la que puedes confiar, a la que le puedes contar tus problemas, la que te sabe escuchar... 7. Además de lo que ha señalado Pilar, un amigo es la persona que comparte sus aficiones, inquietudes, opiniones... 8. Pilar viaja, va al cine, al teatro, a conciertos..., y Esteban se reúne con sus amigos en sus casas y pasan muchas horas conversando.

B. El amor eterno

1 1. d; 2. e; 3. f; 4. a; 5. h; 6. j; 7. b; 8. c; 9. g; 10. i.

2 1. Vivo en una calle del centro en la que es muy difícil aparcar. 2. Este es el amigo de Arturo al que queríamos invitar a nuestra fiesta. 3. Estuvimos ayer con mi prima Rosa de la que te hablé en mi última carta. 4. Estuve en el campo de fútbol del barrio en el que jugábamos de pequeños. 5. He encontrado una casa preciosa en la que me gustaría vivir. 6. Necesitamos una persona a la que encargar el cuidado de nuestros hijos. 7. Este es el problema del que ustedes querían hablar con él. 8. Esta es la empresa en la que me gustaría trabajar. 9. Pasamos unas vacaciones en la playa en las que toda la familia disfrutó muchísimo. 10. Son buenos jugadores en los que se puede confiar para formar un equipo. 11. Es un buen profesional con el que se puede trabajar. 12. Hace falta un ordenador potente en el que instalar los nuevos programas.

3 1. "El Pera" podría ser el ladrón al que está buscando la policía. / "El Pera" podría ser el ladrón a quien está buscando la policía. 2. Alianza es la empresa en la que trabaja Alfonso. 3. Nuestro coche podría ser el vehículo adecuado que necesitamos para hacer el viaje. 4. He conocido al alemán con el que estuvo casada Irene. / He conocido al alemán con quien estuvo casada Irene. 5. Ustedes son algunos de los clientes con los que hablamos a diario. 6. En esa foto se ve el hotel en el que estuve de vacaciones. 7. Esta es la casa en la que te dije que iba a vivir. 8. Antonio es el amigo que me presentó María. 9. Te voy a dar el teléfono del restaurante en el que comimos. 10. La NBA es la liga en la que Gasol juega. 11. Atapuerca es uno de los lugares en el que he estado trabajando. 12. Me gustan mucho los compañeros con los que estoy compartiendo piso. / Me gustan mucho los compañeros con quienes estoy compartiendo piso.

4 1. en el que, en la que; 2. de las que; 3. al que / a quien; 4. en la que / en que; 5. a la que / a quien, a la que / a quien; 6. en el que, del que; 7. en el que / en quien; 8. en los que; 9. que; 10. a la que.

5 1. con la que; 2. de quien / del que; 3. lo que; 4. lo que; 5. con quienes / con las que; 6. en las que; 7. a quienes / a las que; 8. a las que / a quienes; 9. a los que; 10. con el que.

6 1. c; 2. b; 3. a.

C. Los nuevos españoles

1 1. lo; 2. el; 3. lo; 4. lo; 5. El , lo; 6. el; 7. el; 8. lo; 9. lo; 10. él, lo; 11. lo, Lo; 12. El, el; 13. Lo; 14. lo, Él; 15. el, lo; 16. lo.

2 1. No te puedes imaginar lo que hablan las amigas de Juanjo. 2. No sabes lo cansado que estoy cuando llego a casa del trabajo. 3. No veas lo caro que me ha salido arreglar el coche. 4. No te imaginas lo que llovía ayer por la noche. 5. No te puedes imaginar lo que me gustó la película de Almodóvar. 6. No veas lo bien que me salió el examen. 7. No te imaginas las ganas que tenía de verte. 8. No sabes lo que te echó de menos el año pasado. 9. No te puedes imaginar cómo se ha enfadado por lo que ha pasado. 10. No te imaginas lo preciosa que es la casa que se ha hecho mi hermana. 11. No veas lo caro que nos ha costado el coche. 12. No te puedes imaginar lo lejos que está del hotel el polideportivo.

3 1. No sabemos en quien confiar. 2. Si necesitas dinero, yo puedo prestarte lo que quieras. 3. Andrés, ha venido un comercial que pregunta por ti. 4. ¿A que no sabes a quién vimos ayer en el parque? 5. No sabes lo diferente que son los hijos gemelos de Andrea. 6. Tras un largo rato en el que se dedicó a telefonear a sus amigos, se puso a escribir nombres en su cuaderno. 7. No hagas caso de lo que te dijo Marcelo, él no te conoce bien. 8. Ahora mismo no recuerdo el nombre de la empresa para la que trabaja mi hermana. 9. ¿Te has fijado en lo guapa que está Montse con ese nuevo peinado? 10. ¿Te has enterado de lo de Aurora? Parece que se va a Canadá con una beca importantísima.

4 1. F. 2. V. 3. V. 4. F. 5. F.

5 1. Tienes al alcance millones de personas en el mundo con las que relacionarse. 2. Porque se eliminan las limitaciones geográficas. 3. Porque algunos de sus clientes no lo entenderían. 4. Haciendo chistes y comentarios peyorativos. 5. Porque la gente tiene asociado Internet a algunos casos escabrosos, por ejemplo, de pornografía.

UNIDAD 5

A. La publicidad

1 1. reclamación; 2. solución; 3. oficial; 4. establecimientos; 5. copias; 6. datos; 7. motivos; 8. empresa; 9. consumidor; 10. usuarios; 11. elaboración; 12. tramitación.

2 Respuesta libre.

3 1.V. 2. F. 3. F. 4. F. 5. F.

4 Respuesta libre.

B. Dinero

1 1. expresar mi malestar; 2. Desgraciadamente; 3. En primer lugar; 4. En segundo lugar; 5. Por si esto fuera poco; 6. En consecuencia; 7. Les adjunto; 8. me veré obligada a.

2 1. a; 2. i; 3. b; 4. c; 5. d; 6. g; 7. h; 8. e; 9. j; 10. f.

3 1. David dijo que *ojalá le tocara la lotería*. 2. En la TV han informado de que *el director de la empresa había fallecido*. 3. Lourdes y Miguel se quejaban de que la gente *fumara/fumase en los pasillos*. 4. Manuel le pidió a su hija que *se lavara los dientes*. 5. Pilar ha prohibido que *se copie*. 6. El vendedor sugirió que *nos acercáramos al escaparate y mirásemos los nuevos productos*. 7. El presidente del Gobierno instó a los ciudadanos a que *ahorraran/ahorrasen más para levantar la economía*. 8. ¿Recuerdas aquella canción que decía que *cuantas más estrellas hubiese/hubiera más gente pensaría en él*. 9. La carta de ayer advertía que *hoy finalizaba el plazo de inscripción*. 10. Mi tío nos aseguró que *nosotros seríamos sus sucesores*.

4 a) Paula: Que no, que no me gustaba *ninguna de las pelis que ponían y que además no me encontraba muy bien, que me dolía la cabeza y que tenía escalofríos*. b) Que *sigamos todo recto y que giremos a la izquierda en la segunda calle. Que caminemos un poco más y que cuando encontremos una pastelería volvamos a girar a la izquierda y que ya la encontraríamos*. c) Lucas: Es que Marina me ha pedido que *fuese a su casa y que le trajera los apuntes que había dejado encima de la mesa, que era un trabajo muy importante para la profesora y que lo tenía que entregar hoy*.

5 1. La comida, el transporte... 2. Que los tipos de interés sigan subiendo. 3. El respaldo de los padres. Ellos les pagaron la entrada y les ayudan si hay un mes malo. 4. Sin previsión. 5. No. 6. Porque lo poco que ahorran lo invierten en vacaciones o en muebles.

C. Comercio justo

1 Lavar: lavable; Dolor: doloroso; Escalofrío: escalofriante; Arcilla: arcilloso; Asma: asmático; Verde: verdoso; Cáucaso: caucásico; Cantar: cantante; Afecto: afectuoso; Teatro: teatral; Año: anual; Amor: amoroso; Olor: oloroso; Trópico: tropical.

2 Respuesta libre.

3 1. una mayoría *aplastante*; 2. comida *abundante*; 3. un caballero *andante*; 4. un platillo *volante*; 5. un tipo *repugnante*; 6. un calor *agobiante*; 7. el agua *corriente*; 8. el sol *naciente*; 9. una medida *urgente*; 10. una persona *creyente*.

4 1. lujoso; 2. contuso; 3. afectuoso; 4. vistoso; 5. majestuoso; 6. cremoso; 7. caprichoso; 8. acuoso; 9. defectuoso; 10. animoso; 11. monstruoso; 12. difuso; 13. virtuoso; 14. ruidoso; 15. impetuoso.

5 1. lavable; 2. calurosos; 3. profesional; 4. independiente; 5. horroroso; 6. poderosos; 7. celoso; 8. penetrante; 9. educativo; 10. comprensivo.

UNIDAD 6

A. La televisión

1 1. aprobar; 2. perdone; 3. echaran de menos; 4. evitar; 5. dijeras; 6. fuéramos; 7. compre; 8. encontrarlo; 9. te enteres; 10. hablar; 11. ganar; 12. poder; 13. lo arrastrase; 14. os curarais; 15. relajaros.

2 1. e; 2. c/f; 3. a; 4. d; 5. b; 6. g; 7. h; 8. c/f.

3 Respuesta libre.

4 1. Una cuota mensual de 10 €; 2. Porque los ingresos por llamadas de voz ha dejado de aumentar y las empresas buscan nuevas formas de crecer; 3. Descargar música; 4. Que sólo pueden recibir transmisiones terrestres y que las antenas son demasiado grandes y no funcionan bien cuando la gente se está moviendo; 5. No, porque habrá que firmar acuerdos entre los operadores y los canales de TV, habrá que conseguir cobertura y habrá que construir redes de emisión de TV para móviles; 6. ... cambiar su móvil por otro con receptor de televisión.

B. Los ricos también lloran

1 1. porque; 2. pues; 3. por; 4. a causa de; 5. Como; 6. Ya que; 7. Puesto que; 8. que; 9. Porque; 10. porque.

2 1. estabais; 2. tuviera, estaba; 3. dé; 4. quiero; 5. has llamado; 6. has dicho; 7. sean; 8. he visto; 9. sea, tengo; 10. ser; 11. odiará; 12. cantaseis/contarais, trabajáis; 13. llegar; 14. prefiere.

3 2. caldo consumista; 3. de un solo tiro; 4. bucle de perversiones; 5. chistes a granel; 6. fiebre; 7. unos niveles de; 8. soplaron las velas; 9. Que les aproveche.

4 1. como; 2. puesto que; 3. ya que / como; 4. a causa de / por; 5. porque; 6. porque; 7. pues.

C. Diarios en la red

1 1. b; 2. d; 3. e; 4. c; 5. a.

2 1. En primer lugar; 2. Sin embargo; 3. Al contrario; 4. por lo tanto; 5. Además; 6. por eso; 7. Por otro lado; 8. incluso; 9. aunque.

3 1. Una asociación de padres. 2. La posibilidad de que cometan un delito y la visión de páginas no aptas para niños. 3. Porque Internet es un medio de difusión ultrarrápido y que abarca todos los países del mundo. 4. No. Existe una Comisión para establecer este acuerdo pero es complicado que todo los países la suscriban. 5. Las familias y los centros educativos. 6. No dejarles que estén muchas horas delante del ordenador sin saber qué hacen y colocar un buen filtro al ordenador.

UNIDAD 7

A. Ir al cine

1 1. en el que; 2. en las que; 3. en/de la que; 4. donde; 5. a la que; 6. a la que; 7. por la que; 8. por la que.

2 1. Porque vio la película *Átame*. 2. Para trabajar con Almodóvar. 3. Hasta 1997. 4. *Carne trémula*. 5. *Belle Époque, Todo sobre mi madre* y *Volver*.

3 1. a); 2. f); 3. h); 4. e); 5. b); 6. d); 7. g); 8. c).

4

```
D I R E C T O R       R
G         S           O
U         T           D
I         R           A
O         E           J
N         N           E
    P R O D U C C I O N
A
C A R G U M E N T O
T
O
R
            M U S I C A
```

5 1. en; 2. con; 3. de; 4. por; 5. en; 6. de; 7. a; 8. a; 9. en; 10. con; 11. de (del); 12. en; 13. a; 14. en; 15. de; 16. a.

6 1. b; 2. d; 3. e; 4. a; 5. c.

B. ¿Bailas?

1 1. F. 2. V. 3. F. 4. F. 5. F. 6. F. 7. F. 8. F. 9. V. 10. F.

2 1. Creador de un espectáculo de danza o baile. COREÓGRAFO; 2. Agilidad, prontitud, gracia y facilidad en lo material o en lo inmaterial. SOLTURA; 3. Representar o ejecutar una obra en un teatro. PONER EN ESCENA; 4. Persona que posee una virtud para alguna de las bellas artes. ARTISTA; 5. Casa típica del País Vasco y Navarra. CASERÍO; 6. Iniciar algo nuevo. INAUGURAR; 7. Confirmar o ratificar. CORROBORAR.

3 1. llamado; 2. medios; 3. historia; 4. aportaciones; 5. primero; 6. búsqueda; 7. ya; 8. dicha; 9. exigía; 10. rodaje; 11. destacables; 12. tienen; 13. pescadores; 14. plástica; 15. nombrar; 16. sobre. 17. directores; 18. para; 19. película; 20. llegada.

C. No imaginaba que fuera tan difícil

1 1. Pues yo no creo que *haya que respetar a los vecinos ni guardar silencio por las noches*; 2. En cambio, tu hermano mayor no opina que *nadie de tu familia no esté obrando bien*; 3. Nosotros, por el contrario, no supusimos que *iríamos/fuéramos/fuésemos a ir por el camino más corto*; 4. No recuerdo que *te preguntara/preguntase por tus primos*; 5. Sin embargo, él no se imaginaba que *aquello fuera/fuese a ocurrir*; 6. Pero a nosotros no nos ha parecido que *no tuvieras/tuvieses razón*; 7. Pues yo no me di cuenta de que *había sonado el móvil*; 8. No veo que *hayas vuelto a suspender el examen*; 9. Nunca supo que *habías entrado en su casa con mis llaves*; 10. No se imaginó que *la hubieras llamado por teléfono*.

2 1. pase; 2. supone; 3. conlleve; 4. se sienten; 5. sea; 6. se vea; 7. es; 8. es; 9. recrudecerá; 10. empeorará.

3 leí; quiera; haya; harán; exista; sucedería/sucediera; tenía; reaccionaron; solicitan; haya.

4 1. ha finalizado; 2. estáis/estaréis; 3. tengamos; 4. cuentan/han contado; 5. merendéis/merendáis; 6. ibas/fueras; 7. traduzcas/hayas traducido; 8. desperdiciaras; 9. hay/habrá; 10. importa; 11. tendrías/tuvierais/tuvieseis/teníais; 12. llevaras/llevases; 13. era/fuera/fuese; 14. sabían/supieran/supiesen; 15. volvería; 16. saldríamos/habíamos salido; 17. se visten; 18. pongan/pusieran/hayan puesto; 19. habías visto; 20. te enfades/te enfadaras/te enfadases/te hayas enfadado.

UNIDAD 8

A. Viajar

1 1. hasta; 2. sin; 3. entre; 4. a; 5. Por.

2 1. b); 2. b); 3. c); 4. b).

3 1. vea/haya visto; 2. se marchen/hayan marchado; 3. llegue/haya llegado; 4. enfermara; 5. digas/hayas dicho; 6. estudiara/estudiase; 7. llamarais; 8. compraras; 9. terminen/hayan terminado; 10. llevarais.

4 Libre.

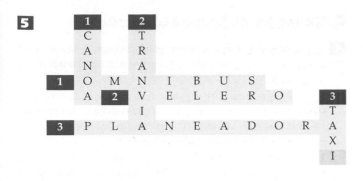

Crossword:
- 5: (top)
- 1 down: CANOA
- 2 down: TRANVIA
- 1 across: OMNIBUS
- 2 across: VELERO
- 3 across: PLANEADORA
- 3 down: TAXI

B. Viajar para sentirse vivo

1 **Itinerario de la radio: 1.** visita a la isla Seymour Norte; **2.** desembarco en la isla Bartolomé; **3.** verán tiburones martillo; **4.** coincide con el primer centenario de la publicación del primer libro de Darwin; **5.** verán delfines; **6.** verán cormoranes no voladores. **Itinerario del folleto: 1.** visita a la isla Seymour Sur; **2.** desembarco en la isla Salomé; **3.** verán camaleones; **4.** coincide con el tercer centenario de la publicación del primer libro de Darwin; **5.** verán cocodrilos; **6.** verán cormoranes voladores.

2 **1.** están, Es; **2.** es; **3.** Es; **4.** es, ha estado; **5.** Es; **6.** está; **7.** Es; **8.** es; **9.** es; **10.** está, Está; **11.** está.

3 **1.** fuisteis; **2.** será; **3.** sería; **4.** sea; **5.** hayáis sido; **6.** estuvo; **7.** estáis; **8.** es; **9.** esté; **10.** esté; **11.** es.

4 **1.** *Me fastidia que tu hermana haya vuelto a suspender el carné de conducir;* **2.** Les encanta que *la gente ya no fume en el metro;* **3.** Le pone nerviosa que *tu abuelo hable solo;* **4.** Me da rabia que *los días pasen demasiado rápido;* **5.** A sus padres les da miedo que *mi prima conduzca de noche;* **6.** Me da igual que *María hiciera una entrada triunfal;* **7.** Me puso de buen humor que *David sacara buenas notas;* **8.** Me fastidió que *la luz cegara al conductor;* **9.** Me molestó que *no se resistiera y fuera a hablar con ella;* **10.** Me encantó que *tus amigos hablaran en público.*

5 **1.** es; **2.** ser; **3.** está; **4.** es; **5.** es, **6.** es; **7.** scan; **8.** es; **9.** sean; **10.** ser.

C. Historia de una travesía

1 **1.** abreviatura; **2.** apertura; **3.** adelanto; **4.** competencia; **5.** creación; **6.** petición; **7.** selección; **8.** aparición.

2 **1.** denominar; **2.** graduar; **3.** numerar; **4.** seleccionar; **5.** consumición; **6.** aparición.

3 **1.** ha cambiado; **2.** acosaban; **3.** repetían; **4.** decidieron; **5.** sustituidos; **6.** estorba.

4 **1.** anclada; **2.** abrumar; **3.** muralla; **4.** techo; **5.** zoco; **6.** adivino; **7.** saltimbanqui; **8.** curandero; **9.** henna; **10.** hervidero.

5 **1.** iba; **2.** éramos; **3.** hayáis suspendido; **4.** sea; **5.** llamen; **6.** estuvieran/estuviesen; **7.** estés; **8.** llamara/llamase; **9.** Estaba; **10.** has estado; **11.** hubiera/hubiese dicho; **12.** estudiases; **13.** haya ido; **14.** estés; **15.** salió; **16.** digáis; **17.** había salido; **18.** fui; **19.** fuimos; **20.** llamaras/llamases.

UNIDAD 9

A. Ser autónomo

1 **1.** F. **2.** V. **3.** V. **4.** F. **5.** F.

2 **1.** desembolsar; **2.** patrimonio; **3.** deuda; **4.** hacer frente; **5.** cónyuge; **6.** impreso; **7.** cuota; **8.** cotización; **9** trámite; **10.** ayuntamiento.

3 **1.** Me parece que; **2.** Estoy de acuerdo; **3.** No obstante; **4.** Para mí; **5.** Bueno, sí, pero por otro lado; **6.** Yo creo; **7.** No estoy de acuerdo; **8.** Lo que pasa es que; **9.** Llevas razón.

4 **1.** d); **2.** e); **3.** c); **4.** f); **5.** a); **6.** b).

5 **1.** hablara; **2.** lleguen; **3.** pudieras; **4.** tienes; **5.** sepa; **6.** aprendas; **7.** te pongas; **8.** hicieras; **9.** atendáis; **10.** devuelve; **11.** probemos; **12.** abran; **13.** contáis; **14.** dijeras; **15.** meriendes.

B. La mujer trabajadora

1 **1.** la torera; **2.** la bombera; **3.** la fontanera; **4.** la árbitra; **5.** la médica; **6.** la ingeniera; **7.** la arquitecta; **8.** la piloto; **9.** el modelo; **10.** el violinista; **11.** la periodista.

2 *El constructor de música*

Francisco Hervás (Granada, 1962) tiene *uno* de los oficios más interesantes y complejos que pueden encontrarse: *luthier,* es decir, constructor de instrumentos musicales. *Él* se dedica a fabricar instrumentos antiguos, del Barroco y del Renacimiento. "*Habré* hecho unos ochenta o noventa instrumentos", recuerda.

Francisco comenzó tocando en un grupo de música renacentista y tradicional y fue este hecho el que lo llevó a fabricar sus propios instrumentos. Fue así como surgió todo.

Lo suyo *son* instrumentos artesanales, que nada tienen que ver con los que pueden adquirirse en una tienda, por muy caros que resulten. Cada detalle, como *la* espiral del clavijero de un violín o una viola, está tallado a mano, con horas o días de paciencia y rigor, la madera se curva con maniobras de calentamiento y humedad. Hasta el último detalle requiere *una* planificación absoluta. El resultado final no es un mero instrumento. Es una obra *de* arte.

Hay *luthiers,* y Hervás es uno de ellos, a los que se *le* encargan los instrumentos con años de antelación debido al tiempo que necesita cada obra y a los encargos que tienen con anterioridad. Los músicos, sin embargo, prefieren aguardar y tener por fin un *hervás.* De hecho, el nombre de su autor aparece en el frontal del clavecín uno de los instrumentos más complicados de construir, que hizo por encargo. En su talle se comprende el valor de una firma en un instrumento.

(Adaptado de *El País*)

3 **1.** la testigo; **2.** La dependienta; **3.** La atleta; **4.** El guía; **5.** Las pacientes; **6.** La piloto; **7.** La comandante; **8.** la víctima.

4 El panadero: la panadera; El artista: la artista; El violinista: la violinista; El conductor: la conductora; El marinero: la marinera; El atleta: la atleta; El comandante: la comandante; El modelo: la modelo; El dependiente: la dependienta; El charcutero: la charcutera; El barón: la baronesa; El amante: la amante; La jirafa: la jirafa; El cartero: la cartera; El caballo: la yegua; El yerno: la nuera; El padrino: la madrina; El cuñado: la cuñada; El guardaespaldas: la guardaespaldas; El policía: la policía; El enfermero: la enfermera; El arquitecto: la arquitecto/la arquitecta; El juez: la juez/la jueza; El presidente: la presidenta; El taxista: la taxista; El periodista: la periodista.

C. Servicios públicos

1 **1.** vengáis; **2.** apruebes; **3.** condujera/condujese; **4.** os pongáis; **5.** tuvieras/tuvieses; **6.** dijeras/dijeses; **7.** estuviera/estuviese; **8.** pusiéramos/pusiésemos; **9.** hagamos; **10.** hayas cogido.

2 1. siempre y cuando; **2.** a no ser que; **3.** en caso de que; **4.** a no ser que; **5.** como.

3 1. plazas; **2.** entre sí; **3.** vacante; **4.** Asimismo; **5.** aptitudes; **6.** ambas; **7.** pulsaciones; **8.** título.

4 1. g); **2.** a); **3.** d); **4.** c); **5.** f); **6.** b); **7.** e).

5 1. oposiciones; **2.** funcionario; **3.** formulario; **4.** tasas; **5.** administración; **6.** ventanillas.

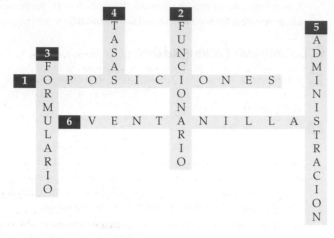

UNIDAD 10

A. Si conduces, no bebas

1 c), i), g), h), b), f), d), a), e).

2 1. La policía; **2.** El juez; **3.** Los condenados; **4.** El jurado; **5.** El abogado; **6.** El delincuente.

3 1. he vulnerado, he cometido; **2.** delito; **3.** multa; **4.** sobornar; **5.** acusado, bigamia; **6.** absuelto; **7.** cumplir, condena; **8.** revocada; **9.** detenido; **10.** secuestrado.

4 **Criminal:** ladrón, asesino, evasor, asaltador, secuestrador, traficante; **Verbo:** robar, asesinar, evadir, asaltar, secuestrar, traficar.

5 1. llevo; **2.** haga; **3.** saques; **4.** llueva; **5.** estés; **6.** pongo; **7.** quieras; **8.** sepamos; **9.** des; **10.** tengamos.

6 1. duela; **2.** haga; **3.** saludaba; **4.** pude; **5.** venía; **6.** parezca; **7.** cayó; **8.** saques; **9.** fuimos; **10.** hicieron.

B. Me han robado la cartera

1 1. haya aprendido; **2.** escribió; **3.** haya estado; **4.** era; **5.** gusta; **6.** prefieres; **7.** vive; **8.** presenté; **9.** pueda; **10.** está.

2 1. atendió; **2.** escriben, toman; **3.** recibiera; **4.** se preocupaban; **5.** enviaron; **6.** supiera; **7.** tocó / había tocado; **8.** gustara; **9.** pueda, pinta, es; **10.** mereciera; **11.** estén; **12.** sabían.

3 1. Me gusta la gente que *sabe escuchar / oye la radio / trabaja con niños*; **2.** No me gusta la gente que *ve mucho la televisión*; **3.** Me gustaría conocer a alguien que *hable francés / sepa cocinar / lea mucho*; **4.** ¿Sabes de alguien que *cante ópera / sea vegetariano / vaya al teatro*? **5.** Me gustaría viajar con gente que *ande por la montaña / no tenga hijos*. **6.** En la reunión no conocí a nadie que *hablase francés*. **7.** Antes no me gustaba la gente que *veía mucho la televisión*.

4 1. la que; **2.** el que; **3.** el que; **4.** las que; **5.** los que; **6.** la que; **7.** la que; **8.** el que; **9.** la que; **10.** el que; **11.** lo que.

5 1. adelanten; **2.** conduzcan; **3.** lleven; **4.** circule; **5.** tenga; **6.** vayan; **7.** habla; **8.** lleva; **9.** sean; **10.** sufra.

C. Se me ha estropeado el coche

1 1. Espejos retrovisores; **2.** carrocería; **3.** cinturón de seguridad; **4.** neumáticos; **5.** rueda; **6.** faros; **7.** frenos; **8.** intermitentes; **9.** depósito de gasolina; **10.** limpiaparabrisas; **11.** volante.

2 1. En los laterales se debe ver parte de la carrocería; **2.** A todos los pasajeros, incluso los de las plazas traseras; **3.** La mala presión de los neumáticos; **4.** Las luces de los faros, las de los frenos y las de los intermitentes; **5.** Los limpiaparabrisas.

3 1. Se le ha perdido el móvil; **2.** Se le ha caído un diente; **3.** Se les ha escapado el perro; **4.** Se nos ha ido el autobús; **5.** Se te han quemado las lentejas; **6.** Se me ha bloqueado el ordenador; **7.** Se les ha inundado la casa; **8.** Se os ha hecho tarde; **9.** Se nos ha roto el motor; **10.** Se les han estropeado las vacaciones.

4 1. Se le ha pinchado la rueda; **2.** Se le ha manchado la camisa; **3.** Se le ha ocurrido una idea; **4.** Se les ha escapado el autobús; **5.** Se les ha acabado el dinero; **6.** Se les han quemado sus casas; **7.** Se le ha roto un plato; **8.** Se le ha caído el pelo.

5 1. aceite; **2.** ruedas; **5.** luces; **7.** limpiaparabrisas; **9.** frenos; **10.** gases.

6 1. Porque se acerca el verano, y antes de la revisión quiere poner le coche a punto; **2.** Hacen un poco de ruido; **3.** Están un poco descolocadas y la luz de freno está fundida; **4.** Cada 50.000 kilómetros; **5.** La emisión de gases contaminantes; **6.** Cambiar el aceite; **7.** En el caso de que haya terminado antes de dos días; **8.** Que revise el agua del limpiaparabrisas y el líquido de frenos.

7 1. Las administraciones públicas y los medios de comunicación; **2.** Unos dicen que espantan y otros que no son suficientemente explicativas; **3.** El carné de conducir por puntos; **4.** Los kamikazes que sobreviven y la conducción bajo los efectos del alcohol y otras drogas; **5.** Conducir sin el cinturón de seguridad y hablar mientras con el móvil.

UNIDAD 11

A. Animales

1 1. f); **2.** d); **3.** b); **4.** c); **5.** g); **6.** i); **7.** h); **8.** a); **9.** e)

2 1. es terco como una mula; **2.** es más cobarde que las gallinas; **3.** bebe menos que un camello; **4.** hace un día de perros; **5.** cantaba como un ruiseñor; **6.** es más lento que una tortuga; **7.** se llevan como el perro y el gato; **8.** está más loco que una cabra; **9.** ser astuto como un zorro.

3 1. sin; **2.** para; **3.** por; **4.** hasta; **5.** desde; **6.** para.

4 **Fábula original:** la Cigarra llama a la puerta de la Hormiga para pedirle comida; cuando llega el invierno, la Cigarra pasa hambre. **Fábula adaptada:** la Cigarra llama a la puerta de la Hormiga, montada en un Ferrari, para pedirle que le cuide su casa; la Cigarra consigue dinero por un contrato que ha firmado con un productor francés.

5 1. La Cigarra saludó a la hormiga y le dijo que iba a pasar el invierno en París y que si podría cuidar de su casita; **2.** La Hormiga le dijo que sin problemas, y le preguntó dónde había conseguido el dinero para ir a París y para comprar un Ferrari y un abrigo tan bonito y tan caro; **3.** Y la Cigarra le respondió que había sido algo increíble ya que, cuando estaba cantando en un bar la semana pasada, un productor francés le escuchó y le gustó su voz; entonces firmó un contrato para hacer espectáculos en París; y le preguntó si necesitaba algo de allí **4.** Y la Hormiga le dijo que sí, que si se encontraba con La Fontaine le dijera de su parte...